YASMINE MEIER
HERBERT WOLF

Wie die Zeit, so die Lage

LYRIK UND
KURZGESCHICHTEN

novum pro

www.novumverlag.com

Bibliografische Information
der Deutschen Nationalbibliothek:

Die Deutsche Nationalbibliothek
verzeichnet diese Publikation in
der Deutschen Nationalbibliografie.
Detaillierte bibliografische Daten
sind im Internet über
http://www.d-nb.de abrufbar.

Gedruckt in der Europäischen Union
auf umweltfreundlichem, chlor- und
säurefrei gebleichtem Papier.

© 2024 novum Verlag

ISBN 978-3-99146-514-0
Lektorat: Astrid Pfister
Umschlagfoto:
Pavel Sevryukov I Dreamstime.com
Umschlaggestaltung, Layout & Satz:
novum Verlag

www.novumverlag.com

Für meinen lieben Papa!
Ohne dich wäre ich heute nicht, wo ich bin!

Yasmine

Inhaltsverzeichnis

1. Prolog

Herbert Wolf

Wie die Zeit, so die Lage ist der Titel dieses Buches. Die Idee, einmal gemeinsam zu publizieren, hatten wir spontan überlegt, Yasmine Meier und ich, ihr Kollege, Herbert Wolf. Davor haben wir stets allein veröffentlicht.

Sie hat bis jetzt zwei Romane und eine große Anzahl an Gedichten herausgebracht. Viermal wurden Gedichte von ihr schon in einem Wettbewerb für Lyrik ausgezeichnet. Ich habe fünf Bücher geschrieben, darunter Thriller und eine Kurzgeschichtensammlung.

Wir besteigen eine Jacht und setzen die Segel. An Bord lassen wir den Kurs auf offener See von unserer Fantasie bestimmen, war unsere Vorstellung.

So gut kannten wir zu diesem Zeitpunkt weder uns noch unsere Werke. Auf Instagram hatten wir unsere Beiträge bemerkt, sie gelikt oder kommentiert, ein Kontakt entstand.

Unsere Lebenserfahrungen und schriftstellerischen Schwerpunkte unterscheiden sich deutlich und wir mussten ein übergreifendes Thema für ein gemeinsames Buch, bunt gemischt aus Lyrik und Prosa finden, welches unsere Intention zum Ausdruck bringen könnte.

In den einzelnen Beiträgen sollten auch reale Geschehnisse anklingen, die uns bewegt hatten, nicht nur Gefühle über dies und das. Wenn wir schon auf der offenen See kreuzten, dann sollten unsere Werke das Meer mit seinen sanften Wellen, aber auch mit seinen rauen Stürmen erahnen lassen. Häufig versetzt das Meer die Seeleute unvermittelt in eine bedrohliche **Lage** und die **Zeit** wird dann knapp, um sich lange besinnen zu können. Daraus entstand der Titel.

Liebe Leserinnen und Leser, hoffentlich können wir Sie gedanklich mitnehmen auf diesem *Fantasie-Kurs*.

Das wünschen wir uns, denn nur Ihr Spaß beim Lesen zählt letztlich!

2. Entspannte Zeiten

Herbert Wolf

Der Zeiger dreht weiter und zittert ganz leicht,
ein ICE fährt endlich ein, die Bremsen kreischen,
Fahrgäste drängeln nach vorn, die Zeit verstreicht,
die Luft vibriert, ein Windstoß sucht zu entweichen.

Der ICE, der fährt gleich los, es ist die Zeit dafür,
Lautsprecher ertönen, ein Schaffner hält sich bereit,
sein durchdringender Pfiff ertönt, er schließt die Tür,
vorn das Signal springt jetzt auf Grün, es ist soweit.

Sommer ist's, was scheren da die vergangenen Tage?
Hoffnung auf Entspannung verdrängt lästige Sorgen,
weder Arbeit noch irgendein Druck belasten meine Lage,
schon erahne ich die Brandung am kommenden Morgen.

Das Rauschen des Meeres soll mich früh hinauslocken,
und weder Träume noch Müdigkeit lange im Bett halten.
Im Wasser will ich liegen oder im Sand mich hinhocken,
und nichts wird verhindern, den Tag entspannt zu gestalten.

Nicht die Uhr, der Stand der Sonne bestimmt mein Leben,
glitzernde Kronen der Brandung beflügeln meine Fantasie.
Fremd erscheint jetzt die sonst tägliche Taktung daneben,
so überlasse ich mich losgelöst von Zwängen der Magie.

Aber die Entspannung bietet mir nirgends einen Halt,
um festen Stand zu finden und diese Zeit auszuweiten,
der Zeiger dreht weiter, die Ruhe währt nur einen Spalt,
die Hoffnung auf Wiederholung muss mich dann leiten.

Vorwärts treiben Gedanken an unaufschiebbare Pflichten,
widerstrebend wechsle ich aus unbeschwerter Umgebung, Und
es ist immer nur die Uhr, wonach sich alle richten,
der Alltag schubst mich weiter, hält mich in Bewegung.

3. Zug nach Nirgendwo

Yasmine Meier

Eine gereimte Kurzgeschichte

Sie hatte den letzten Zug verpasst.
Der Bahnhof war leer; ungeplante Rast.
Wie ausgestorben, leer gefegt in diesem Kaff.
Sie blieb zurück ohne Anschluss und baff.
Als ob die Welt hier zu Ende gewesen wär.
Eigentlich war Sonjas Ziel das nahe Meer.
Sie hatte eine kleine Pension da gebucht.
Und im Moment nur kurz leise geflucht.
Denn auf dem Weg musste der Zug
abrupt wegen eines umgestürzten Baumes halten.
Wo war sie denn eigentlich genau hier?
Als sie ausstieg, war sie der letzte Passagier.
Der ganz allein in dem fremden Bahnhof war.
Und sich nun hilfesuchend überall umsah.
Wie hieß dieser unbekannte Flecken um sie her?
Es gab nur noch Schienenersatzverkehr.
Doch irgendwie war sie nicht gefolgt dahin.
Ihr Koffer war auch rollend schwer ohnehin.
Sie verließ den Bahnhof dann stattdessen.
Und hoffte, es gab noch irgendwo was zu essen.
Aber jemanden zu fragen war aussichtslos.
Denn sie war hier offenbar alleine bloß.
Gab es denn da Menschen überhaupt?
Vor dem Bahnhof sah sie eine Kate im Laub.
Ob da ein Mensch gerade zu Hause war?
Sonja schob ihren Koffer dahin unmittelbar.
Leise schimpfte sie bei jedem Schritt.
Sie zog ihr Kofferungetüm ungestüm mit.

Ihr braunes langes Haar wehte im Wind.
Und Sonja dachte bereits tränenblind:
Sieht aus wie eine kleine Geisterstadt.
Ob es hier schon immer so tot ausgesehen hat?
Wo bliebe sie hier? Es wäre nur für eine Nacht.
Wo schliefe sie? Wer ihr da wohl aufmacht?
Seit acht Stunden hatte sie im Zug gesessen.
Und seit sechs Stunden nichts mehr gegessen.
Aus der Nähe sah die Kate noch oller aus.
Aber sie machte sich nichts doller draus.

Weil alles im Haus vollkommen dunkel aussah,
nahm Sonja an, dass da niemand daheim war.
Vielleicht käme sie auch anderweitig hinein.
Denn irgendwo könnte ein Fenster offen sein.
Ebenso könnte das Haus auch unbewohnt sein.
Wie auch immer: Sonja musste da nun rein!
Am Ortseingangsschild stand das Haus.
Aber laut Internet sah es nicht nach Hotel aus.
Sonja war hier direkt am Arsch der Welt.
Und wusste, dass ihr das gar nicht gefällt.
Im Garten gelang es ihr ins Haus zu kommen.
Offenbar hatten es Messies in Beschlag genommen.
Aber Sonja fand einen kleinen Raum noch.
Der sauber war, aber eher genannt ein Loch.
Immerhin stand dort eine kleine Liege.
Sonja fragte sich: *Ob ich hier Schlaf kriege?*
Sie trank den letzten Rest von ihrem Rheinhessen.
Und fand im Koffer noch Schokolade zu essen.
Gott sei Dank, da hier der Kühlschrank leer war.
Und auch nicht wirklich einladend aussah.
Nach dem kargen, kalorienreichen Abendessen
dachte Sonja nur: *Ich hab' auch besser gegessen!*
Ehe Sonja nun darauf schlief, sah sie noch,
da spazierte gerade eine Maus in ihr Loch!
Auch das noch! Aber sie schlief dann doch.

Es war Punkt vier, als Sonja aus dem Schlaf zuckte.
Sicher die Maus weckte und sich daher duckte.
Als Sonja nun nicht mehr unbemerkt blieb,
denn es schien, da machte sich wer an der Tür unbeliebt.
Kamen die, die hier lebten, gerad' aus Kamen?
Sonja hatte keine Lust auf irgendwelche Dramen.
Wahrscheinlich war es nur ein Tier gewesen.
Von ausgebrochenen Kühen hatte sie gelesen.
Als Sonja bebend auf die nahe Tür zuschritt,
ging bei jedem Schritt ihre große Angst mit.
Wer kam da mitten in dieser kalten Nacht?
Zu essen hatten die wohl nichts mitgebracht?
Ihr Handy hatte auch noch aufgegeben.
McDonalds war fern, wie das Leben.
Sonja war widerrechtlich hier drin.
Sie werden denken, ich bin eine Einbrecherin!
So dachte sie knapp; lieber gut verstecken?
Hier tummelten sich Juwelen in allen Ecken!
Ätsch! Wer hier einbrach, stellte eher was hin.
Als dass er was stahl! Und Sonja mittendrin.
Was, wenn so ein Rindvieh die Tür aufstemmte?
Gab es dann was, was es daran noch hemmte?
Wenn Einbrecher, was gab's denn zu holen hier?
Goldene Eierbecher oder silberne Löffel schier?
'Ne Maus, aber nur mitsamt dem Mauseloch!
Denn irgendwo wohnen müsste sie ja noch.
Kaum an der Tür, da verstummte der Radau!
Betrunkener Ehemann oder gehörnte Ehefrau?
Wer stand sonst um vier auf der Matte?
Der nicht mal eine verdammte Uhr hatte?
Sonja fiel ein Stein vom Herzen, als der Spuk endete.
Sie fiel auf die Liege, wo sie sich drehte und wendete.
Zum Glück, dass nicht die Bewohner kamen.
Denn sie empfingen nur die Maus mit offenen Armen.
Man könnte Sonja festhalten, bis Polizei käme.
Die Sonja wohl zur Vernehmung mitnähme.

Der Gedanke raubte ihr den Schlaf.
Und sie konstatierte dann messerscharf:
Hier bleibe ich nicht länger, als ich muss!
Ihr heißer Hunger war nicht derweil erkaltet.
Und niemand hatte ihren Appetit ausgeschaltet.
Das hier gelegene Brot war schimmlig und grau.
Und die Himbeermarmelade schimmerte blau.

Demnächst hätte sie im Maritim gespeist:
Crêpe Suzette, Omelette Surprise, Sekt auf Eis,
Kaffee, Toast, Rührei und Marmelade.
Hier war alles unterste Schublade.
Da fiel ihr wieder die Maus ein.
Irgendwo musste also Käse sein.
Doch weit und breit nicht Gouda,
Camembert oder Tilsiter sichtbar.
Handyempfang gleich Null und Sonja
Wollte essen, wo was essbar war.
Statt à la carte gab's nur alte Kate.
Und nichts von der Sternespeisekarte.
Eilig schnappte Sonja ihren Samsonite.
Die Maus und die Bewohner taten ihr leid.
Für sie alle ließ sie ihren Koffer zurück.
Samt Inhalt für ein bisschen mehr Glück.
In ihre Gedanken fiel ein lauter Knall.
Sonja erschrak leicht, kam fast zu Fall.
Wieder Stille; so atmete Sonja laut auf.
Hier wird es nicht sein, wo ich verschnauf'.
Wahrscheinlich war's ein Tier gewesen.
Von wildernden Wölfen hatte sie gelesen.
Doch das stimmte sie nicht mehr um.
Hier blieb sie nicht mehr – Punktum.
Zögernd öffnete sie die Vordertür dann.
Sonja hielt gebannt die Luft an.
Vor der Tür lag lediglich eine Zeitung.
Nicht Kuh oder Wolf in ihrer Begleitung.

Sonjas Blick erfasste die fette Titelzeile.
Und sie schnappatmete eine ganze Weile.
Denn was da stand, schnürte ihr die Luft ab.
Und sie sagte laut: „Glück gehabt!"
Die Buchstaben, die da nämlich prangten,
verstörten sie, als sie in ihr Bewusstsein gelangten.
Alle zweiunddreißig Passagiere auf dem
Schienenersatzverkehr,
dem sie nicht gefolgt war, lebten nicht mehr!
Sie musste sich setzen und lernen zu verstehen:
Wie ihnen könnte es jetzt auch ihr ergehen!

4. Die Uhren meines Vaters

Herbert Wolf

Seine Uhren zu stellen war für meinen Vater sicher wichtig gewesen. Es hatte sich mit den Jahren zu einem unverzichtbaren Ritual entwickelt, dass er abends die Uhren aufzog oder nachstellte. Batteriebetriebene Uhren waren damals relativ selten. Die exakte Uhrzeit entnahm er der Anzeige im Fernseher direkt vor den zwanzig Uhr-Nachrichten.

Ich bin mir nicht sicher, ob wir seine Liebe für Uhren erst registrierten, als er für unser Wohnzimmer eine aus dunkelbraunem Holz gefertigte Uhr gekauft hatte. Diese stellte er auf die Kommode. Nicht nur durch deren exquisites Aussehen fiel sie sofort auf, sie verfügte über ein Schlagwerk, das wir alle tags und nachts hörten. Es ertönte nicht nur zur vollen Stunde, sondern auch viertel- und halbstündlich. Exakt erklangen die Gongs jeweils ein-, zwei-, drei- oder vier Mal. Das haftet immer noch in meinem Gedächtnis. Damals hatte es mich gelegentlich genervt. Das hölzerne Ziffernblatt war umrandet von einem vergoldeten Messingrand. Goldfarben waren die römischen Ziffern und die ebenfalls kunstvoll gearbeiteten Zeiger. Meine Mutter lebte da noch und teilte seine Wertschätzung für diese Uhr wegen ihrer einmaligen, von Hand geschnitzten Verzierungen, die einen richtigen Hingucker darstellten. Obwohl sie seinen Uhrentick nicht nachvollziehen konnte, aber doch nachsichtig betrachtete, bei dieser Uhr empfand sie ähnlich wie er und hatte diese stets mit viel Sorgfalt gepflegt.

Insgeheim spekulierte ich darauf, dass das Schlagwerk bald seinen Geist aufgeben würde, je länger wir diese Uhr besaßen. Wenn mein Vater abends sowohl das Uhr- als auch das Schlagwerk aufzog, hatte ich gehofft, dass er zumindest letzteres unterließe. Dieses wiederkehrende, unüberhörbare *Boing* nervte mich.

Jeden Abend, wenn in der ARD die Uhr vor der Tagesschau eingeblendet wurde, schritt mein Vater mit dem Uhrschlüssel zur Kommode, öffnete die Glastür vor dem Ziffernblatt und zog beide Uhrwerke auf. Eventuell den Blick auf den Fernseher gerichtet, justierte er dann die Zeigerstellung nach.

Das Elternhaus und damit auch West-Berlin habe ich für das Studium verlassen. Ich wollte etwas Abstand zur Familie haben und wählte dafür die Hamburger Universität aus. Bei den eher seltenen Besuchen entdeckte ich eines Abends, dass mein Vater seine Gewohnheiten inzwischen etwas verändert hatte. Vor dem Einstellen der Uhr auf der Kommode legte er vor sich auf den Tisch seine Armbanduhr und, das war gänzlich neu, eine Taschenuhr zurecht. Diese hatte ich zuvor nie zu Gesicht bekommen. Jetzt hatte er sie aus seiner Hosentasche hervorgezogen.

„Du hast sogar eine Taschenuhr?", fragte ich verwundert.

„Das ist ein Geschenk meiner Firma zu meinem Dienstjubiläum, die habe ich gerade erst bekommen. Das Gehäuse ist übrigens nur vergoldet, aber sie ist sehr genau."

Die TV-Uhr wurde angezeigt. Mein Vater stellte nacheinander seine Jubiläumstaschenuhr, die Armbanduhr und lief dann erst zur Kommode. Das Schlagwerk erklang gerade exakt vier Mal. Ich konnte bei ihm ein zufriedenes Lächeln entdecken, vielleicht auch, um mich ein wenig zu verspotten, weil er wohl meine Gedanken erahnte.

Überraschend war für mich auch, dass er nach dem Ende der Abendnachrichten das Wohnzimmer verließ.

„Er hat auf seinem Nachttisch eine neue Uhr mit Weckfunktion und digitaler Anzeige. Die muss er auch noch kontrollieren ... nicht jeden Abend aber häufig ...", erklärte meine Mutter schmunzelnd. „Jeder hat so sein Hobby!"

„Na jedenfalls ändert sich immer etwas, wenn man eine Weile nicht hier war", antwortete ich ironisch. Ich studierte noch und meine Semesterzeiten stimmte ich nicht mit einer Uhr ab, allerdings leider auch nicht mit einem Kalender ...

Zwei Jahre später in der Adventszeit liefen meine Frau Karin und ich durch die Mönckebergstraße in Hamburg. Wir hatten geheiratet und unser kleines Mädchen lag in einem Kinderwagen. Sie war gerade erst drei Monate alt geworden. Mehr aus Zufall wurden wir an einer Bushaltestelle am Weitergehen gehindert und direkt hinter uns lag ein Schmuck- und Uhrengeschäft.

„Die verkaufen sogar Kuckucksuhren!", rief meine Frau.

„Schön, aber wir brauchen bestimmt keine Kuckucksuhr!"

Warum auch immer, eine solche Uhr weckte in mir Erinnerungen an die Wohnzimmeruhr im Elternhaus mit dem nervigen Schlagwerk. Eine Kuckucksuhr, auch wenn sie vielleicht dezenter die Zeit anzeigte, wollte ich sicher nicht bei uns zu Hause haben.

„Ich dachte nicht an unsere Wohnung. Wäre das nicht ein Geschenk für deinen Vater?"

„Hm, kein schlechter Gedanke!", erklärte ich ihr nach einem Moment. Es ist oft schwer, für die Eltern ein Präsent zu finden, das sie gleichermaßen überrascht und freut. Das, was sie wollten, hatten sie sich meist selbst angeschafft, und wenn es darüber hinaus Wünsche gab, waren diese für uns nicht unbedingt bezahlbar.

Die Uhr war nicht billig mit ihrem typischen, wohl dem vermeintlichen Ursprung aus dem Schwarzwald nachempfundenen Holzgehäuse, den Uhrenketten und dem geschnitzten Pendel. Oben an der Vorderseite gab es ein kleines Türchen für den Kuckuck, den man als solchen nicht unbedingt erkennen konnte. Der Preis erschien angemessen, selbst der Zweiton-Ruf erinnerte entfernt an einen Kuckucksruf. Die Herkunft überraschte uns, denn sie war in Südostasien hergestellt worden, nicht im Schwarzwald.

„Und der kleine Piepmatz kommt jede Viertelstunde hinter dem Holztürchen hervor?", wollte es Karin genau wissen.

„Sicher! Der kleine Vogel, also das Schlagwerk erzeugt alle Viertelstunde jeweils einen Schrei", erklärte der Verkäufer und drehte dann sofort zur Demonstration die beiden Zeiger.

Gehäuse und auch der Ruf dieses *Holzmatz* überzeugten uns, selbst wenn wir schon öfter einen Kuckuck in vertrauter Tonlage und Umgebung gehört hatten. Aber was wussten wir schon, wie ein solcher Vogel in Südostasien schreit?

Und so bekam mein Vater am ersten Feiertag von uns diese Kuckucksuhr geschenkt. Er hat sich sehr darüber gefreut!

An diesem Nachmittag interessierte mich viel mehr meine Mutter, die sich sichtlich vom Wohnzimmertisch in die Küche schleppen musste. So richtig hatte ich ihr nie zeigen können, dass ich durch mein Studium auch eine erfolgreiche Karriere in meiner Firma hatte starten können. Manchmal hatte ich mir vorgestellt, dass ich meinen Eltern von meinem Verdienst einen Urlaub in Rom finanzieren könnte. Einiges war anders gelaufen, uns belasteten als junge Familie viele andere Ausgaben.

Die Uhr war jedenfalls ein Treffer. Mein Vater fand sofort einen Platz an der Wand im Wohnzimmer für sie und fortan erklangen neben den Schlägen der Kommodenuhr die Rufe des Holz-Kuckucks.

„Wird immer lauter im Wohnzimmer", flüsterte Karin mir zu. „Hast du bemerkt, dass er noch eine zweite Taschenuhr vor sich liegen hat?"

„Papa, hast du noch ein zweites Jubiläum gehabt, von dem ich keine Ahnung hatte?", spaßte ich.

„Nein, die habe ich mir gekauft, als ich die vom Jubiläum zur Reinigung einschicken musste", erklärte mein Vater ernst. „Die haben so lange gebraucht, um sie mir endlich zurückzuschicken."

Meine Mutter starb wenige Tage nach diesem Treffen am Abend des 31. Dezembers. Wir hätten gar nicht nach Hamburg zurückfahren sollen. Wegen des gefrorenen Bodens konnte sie erst Ende Januar beerdigt werden. Als wir danach in der Wohnung mit meinem Vater noch länger zusammensaßen, vergaß er tatsächlich, seine Uhren aufzuziehen oder zu justieren. In der Folgezeit, bei unseren Besuchen schien er aber wieder zu seinen alten Gewohnheiten zurückgekehrt zu sein.

„Euch macht es Spaß, dass ihr mich so emsig die Uhren stellen seht, oder? Das nennt man wohl eine Marotte. Aber immer ertönt etwas in meiner Wohnung und das ist gut so."

Mein Vater blieb nicht die ganzen Jahre nach dem Tod meiner Mutter allein. Seine Freundin, eine Witwe, die sich mit ihm zusammengetan hatte, behielt zwar ihre Wohnung, aber im Grunde genommen machte das keinen Unterschied. Sie lebten wie ein Paar zusammen, quasi an wechselnden Wohnorten, die nicht weit voneinander entfernt lagen. Ihre Leidenschaft für die Uhren war begrenzt, aber mit seiner Marotte kam sie gut klar. Sie bewunderte bei ihm eher eine andere ausgiebige Beschäftigung. Ein ganzes Zimmer mit eigens dafür von einem Schreiner deckenhoch angefertigten Regalen hatte mein Vater mit der Zeit vollgestellt mit Büchern. Diese standen nicht nur nebeneinander, sondern waren aus Mangel an Platz auch von ihm aufeinandergeschichtet worden. Werke vieler, auch zeitgenössischer Schriftsteller hatte mein Vater in Jahren zusammengetragen. Bücher über deutsche Geschichte und Biografien schätzte er wohl besonders. Diese Leidenschaft hatte sich erst richtig verstärkt in der Zeit nach dem Tod meiner Mutter, als er zeitweise allein hatte leben müssen. Mein ehemaliges Zimmer hatte er schon lange vorher in sein Arbeitszimmer (oder besser gesagt Bibliothek), verwandelt.

Er starb für uns unerwartet mit fünfundachtzig und das noch immer geistig rege. Die körperlichen Einschränkungen waren ihm lästig gewesen, aber auch mit denen hatte er zurechtzukommen gelernt. Noch bei meinen letzten Besuchen beobachtete ich, wie er pedantisch alle Uhren seiner Umgebung aufzog und einstellte. Das Geräusch beim Hochziehen der Kette der Kuckucksuhr, um diese aufzuziehen, habe ich immer noch im Ohr. Ich hatte mich längst daran gewöhnt, sodass ich diese Routine wahrscheinlich bei meinen Besuchen vermisst hätte.

Für die Räumung seiner Wohnung beauftragte ich eine Entrümpelungsfirma, deren Empathie loses Vorgehen ich so schmerzlich, wie empörend registrierte. Es gab kein Gerümpel in diesen Räumen, was den Männern des Räumkommandos aber schnurz zu sein schien. Zu uns mitnehmen war keine Option, denn wir hatten zwei Jahre vorher am Stadtrand von Hamburg neu gebaut und uns entsprechend eingerichtet. Die elterlichen Möbel passten nicht zum Stil unserer Einrichtung, Platz schien bei uns im Haus ebenfalls rar zu sein. Es waren hauptsächlich ausgesuchte und seltene Bücher, die ich retten wollte. Und seine Uhrensammlung? Die Kuckucksuhr überließ ich der Nachbarin, die danach begehrlich geschaut hatte.

Die Uhr auf der Kommode? Vielleicht hatte sie mich aufwecken wollen, denn gerade als einer der Männer sich anschickte, diese abzutransportieren, meldete sie sich mit lautem *Boing*. „Halt, die nehme ich mit!"

Jetzt steht sie schon seit Jahren bei uns auf der Kommode und wenn ich's nicht gerade mal wieder vergessen habe, sie aufzuziehen, zeigt sie zuverlässig die Zeit an. Nur das Schlagwerk ziehe ich nie auf, habe innen sogar ein Stoffstück über die Metallstangen gelegt, die die Töne verursachen.

Meine Uhren verbergen sich längst in den Displays des Handys, des Tablets oder des Laptops. Diese vermelden ungefragt immer die Zeit, ganz leise, aber nicht zu ignorieren …

5. Situation der Lage

Yasmine Meier

Zur Situation der Lage
stellt sich manche Frage:
Ist die Lage ausweglos
oder nur verquer bloß?

Schmeckte eine Banane mehr,
wenn sie mal gerade wär?
Ginge ein Ei noch entzwei,
ahnte es vom Spiegelei?

Fiele ein Teebeutel in die Tiefe,
wenn er wüsste, was dann liefe?
Hätte Licht die Welt angesehen,
würde es dann noch angehen?

Sie sehen, manch schwere Frage
zur Situation der prekären Lage.
Aber wer hätte in dieser schweren Lage
nicht die eine oder andere prekäre Frage?

(Gewinner beim Lyrikwettbewerb der Brentano-Gesellschaft
2021)

6. Alters-Nicht-Teilzeit

Herbert Wolf

Die alte Frau saß jetzt halb auf der Bettkante, eine Hand ruhte auf dem Griff ihres Rollators, die andere zerknüllte ein Papiertaschentuch, das sie offenbar nicht loslassen konnte. Als ihr Neffe Peter und seine Frau Isa eingetreten waren, hatte sie mit geschlossenen Augen auf ihrem Bett gelegen. Ob sie geschlafen hatte, konnten die beiden Besucher nur vermuten. Sekundenlang schaute sie beim Erwachen verständnislos in das Gesicht ihres Neffen, ohne sofort zu erkennen, wer da vor ihr stand. Er und seine Frau waren das gewöhnt und sprachen sie geduldig an.

„Tante Marie, wir sind es! Ich, dein Neffe Peter und meine Frau Isa, verstehst du mich?"

Langsam besann sie sich, um dann sofort eine Frage zu stellen.

„Ihr holt mich doch jetzt ab nach Hause, oder?", fragte sie skeptisch.

„Wir wollen dich heute besuchen", meldete sich Isa und griff nach ihrer Hand, in der sie das Taschentuch festhielt.

„Weißt du jetzt, wer wir sind?", fragte Peter zweifelnd. „Wir sind es, Peter und Isa. Wir kommen dich besuchen."

„Ihr nehmt mich aber mit." Das klang nicht so, als hätte sie alles verstanden. Ihr Gesicht verzog sich so, dass darin fast ein Fragezeichen zu erkennen war.

„Tante Marie, warum willst du denn nach Hause? Es geht dir doch gut in diesem Seniorenheim!"

„Du hast so ein schönes Zimmer", verstärkte Isa, was ihr Mann soeben gesagt hatte.

Der Raum war groß genug, um nicht nur ein Bett, einen Kleiderschrank und eine Kommode aufzunehmen, sondern es gab sogar einen ovalen Tisch mit drei Stühlen drum herum. An den Wänden hingen Bilder, die Peter und Isa aus Maries Wohnung mitgebracht und hier aufgehängt hatten. Zum Zimmer gehörte ein eigenes Bad mit WC. Auf dem Nachttisch standen ihr Radio und ein Telefon. Nur ein Fernseher fehlte, worauf Tante Marie keinen Wert gelegt hatte.

Peter war so erleichtert gewesen, dieses Einzelzimmer in einer Seniorenresidenz am Stadtrand von Berlin organisiert zu haben. Es war kein Sechser im Lotto, aber doch ein Glücksfall, denn viele ältere Menschen konnten nur in Doppelzimmern aufgenommen werden. Nicht wenige mussten dafür sogar längere Wartezeiten in Kauf nehmen. Dieses Haus war ihm und Isa ideal erschienen, konnten sie es doch mit ihrem Auto in einer halben Stunde bequem erreichen.

Dass seine Tante dieses Glück so wenig schätzte, machte ihn gelegentlich ratlos.

„Ach, ich möchte aber trotzdem nach Hause", beharrte sie und ignorierte wieder einmal, was ihr Neffe gerade gesagt hatte. Dieser versuchte, ihren Arm zu streicheln, aber das fruchtete bei ihr nicht. Jetzt fing sie sogar zu weinen an, ihre Schultern bebten leicht. „Muss ich denn immer hierbleiben? Kann ich nicht mehr nach Hause?"

Isa und Peter sahen sich hilflos an. Wie oft hatten sie ihrer Tante erklärt, dass diese nicht zurück nach Hause könnte, obwohl die Wohnung mitten in Berlin unverändert gemietet war. Mit ihren siebenundneunzig Jahren hatte sie längst gezeigt, dass sie nicht mehr allein leben konnte, und in ihrer Nähe gab es niemanden aus der Verwandtschaft, der sie dort hätte betreuen können. Nur der Pflegedienst war zur Medikamentenausgabe zwei Mal am Tag vorbeigekommen. Ihr Neffe wohnte mit seiner Familie am Rand von Berlin in einer Neubauwohnung, die nicht den Platz geboten hätte, Tante Marie aufzunehmen. Abgesehen davon arbeiteten sie beide ganztägig und hätten sie nicht pflegen können. Sonst gab es weder eigene Kinder noch engere Verwandte von ihr.

Isa legte ihren Arm um deren Schultern und versuchte mit der anderen Hand noch mal ihr das zerknüllte Tuch zu entwinden. „Hier, ich gebe dir ein neues Taschentuch."

„Tante Marie, du kannst nicht nach Hause. Da bist du wieder allein, das weißt du doch", sagte Isa, die wusste, dass sie damit nicht überzeugen würde. Es war fast grotesk, denn gerade das Alleinsein hatte die Tante oft beklagt. Ihr eigener Bekanntenkreis war auf wenige Personen zusammengeschmolzen und die waren zu unbeweglich, um ihre Wohnungen verlassen zu können. Es war Peters Hoffnung, dass die alte Dame in der Seniorenresidenz genügend Kontakt fände, um nicht mehr allein zu sein.

„Wir wechseln einfach zu einem anderen Thema, um sie abzulenken. Sie wird es nicht verstehen, warum sie hier ist."

„Stimmt. Ist ja auch für sie nicht zu verstehen, wo sie doch so lange autonom in ihrer Wohnung gelebt hat. Würde uns nicht anders ergehen", gab ihr Peter recht.

In diesem Jahr hatte seine Tante bereits zum zweiten Mal in einem Krankenhaus aufgenommen werden müssen, weil sie in ihrer Wohnung gestürzt war und sich dabei verletzt hatte. Beim letzten Mal hatten die Nachbarn und die herbeigerufene Polizei einen Schlüsseldienst gerufen. Sie hatte, wie schon öfter, die Tür von innen verschlossen und dabei den Schlüssel stecken lassen. Der Pflegedienst, der zwei Mal am Tag nach ihr sah, war nicht mehr in die Wohnung gekommen. Und weil die arme Tante auch so schwerhörig war, hatte alles Rufen und Klopfen an die Wohnungstür nicht geholfen.

Neben ihren Hörproblemen gab es bei der Tante auch weitere, sich immer deutlicher zeigende Einschränkungen. Das Gedächtnis und das Sehen zählten dazu. Nicht so schlecht war es um ihre Beweglichkeit bestellt. In der Wohnung bewegte sie sich relativ sicher, in Begleitung und mit dem Rollator auch auf der Straße über kleinere Strecken. Wenn sie nur nicht in ihren Räumen stürzte oder unversehens einen Schlaganfall erlitte, dann würde sie vielleicht sogar noch eine Weile zu Hause bleiben können, hatten Peter und Isa spekuliert. Aber auch das Krankenhaus und der Haus-Pflegedienst hatten letztlich dazu geraten, die Tante endlich in ein Heim zur Pflege zu geben.

„Weißt du, was das hier ist?", fragte Peter und hielt eine kleine Flasche Sekt hoch.

Die Tante beugte sich weiter vor, dann strahlte sie. „Und ob ich das weiß! Was feiern wir denn heute? Habe ich denn Geburtstag?"

„Nein, deinen Geburtstag haben wir doch im Sommer gefeiert bei uns im Garten, mit unseren Kindern. Das hast du vergessen. Den Sekt haben wir mitgebracht, weil wir wissen, wie gern du den immer getrunken hast."

„Na dann her damit", stieß die Tante hervor und wirkte so, als hätte sie die Szene und ihre Traurigkeit von eben wieder völlig vergessen. „Schenkt endlich ein!"

Isa hatte Becher und eine große Schachtel Mon Chérie dabei, weil sie annahm, dass das zueinander passte. Recht hatte sie, Tante Marie ließ sich nicht bitten, trank und aß von den Pralinen.

„Genussmensch, wie früher!", sagte Isa ganz leise und freute sich, das Richtige mitgebracht zu haben.

„Ihr Appetit war auch früher immer gut. Wenn man sie so beobachtet, sieht man, dass sie körperlich noch ganz gut drauf ist", flüsterte Peter und prostete seiner Tante zu.

„Auf deine Gesundheit! Und dass du ...", wollte er noch sagen, als sie ihn schon unterbrach.

„Also das mit den Einhundert, das lass jetzt mal. Ich werde ja bald fünfundneunzig!"

„Tante, du bist doch bereits siebenundneunzig Jahre alt. Was für eine Leistung!", rief Isa lachend.

„Siebenundneunzig? Jaja, das meinte ich", behauptete die alte Dame und hielt ihren leeren Becher nochmals hin. „Schenkt mal nach. Die Pralinen sind besonders gut, mochte ich schon immer!"

Jetzt trank sie auch diesen Becher fast leer und schaute inzwischen so zufrieden, als hätte sie tatsächlich vergessen, wo sie war. Sie bat Peter überraschend, das Radio einzuschalten und nach Musik zu suchen.

„Heute lassen wir es wohl wirklich mal so richtig krachen!" Das drückte sie auch in diesem Moment körperlich aus, hör- und gleich darauf riechbar.

„Tante, wir stimmen dir zu, soweit uns das jetzt gelingt." Peter konnte vor Lachen jetzt kaum noch zu Ende reden.

Eine Pflegerin betrat unvermittelt den Raum, hatte wohl den Lärm im Innern mitbekommen.

Sie rümpfte leicht die Nase und murmelte etwas von „Man müsste doch mal lüften." Aber laut sagte sie: „Oh, Mariechen, was feierst du denn heute mit deinem Neffen und seiner Frau?"

„Wir feiern nur, weil es uns freut, unsere Tante fröhlich anzutreffen. Das muss auch an der Atmosphäre in diesem Haus liegen. Sie fühlt sich doch riiiichtig wohl bei Ihnen."

Das hätte Peter vielleicht nicht gerade mit Lachen und einem irritierend langgezogenem *richtig* sagen sollen, denn die Pflegerin reagierte so, als hätte er sich über das Heim abfällig geäußert.

„Wie meinen Sie das? Mariechen ist bei uns wirklich in guten Händen!", erklärte sie humorlos spitz, bevor sie wieder verschwand.

Tante Maries Gesicht verfinsterte sich etwas. „Nennt mich Mariechen! Wieso eigentlich? Bin doch kein Haustier, oder?"

Dann besann sie sich doch noch. „Na vielleicht bin ich eins, aber eins, das es krachen lässt, Prost!"

Und es krachte tatsächlich bei ihr, was ihr sicher gar nicht selbst bewusst war.

„Und stinken tut es hier auch!", erklärte sie ganz laut. „Merkt ihr das nicht? Es stinkt hier!"

7. Für immer und ewig

Yasmine Meier

Du hast mein Lebensbuch aufgeschlagen,
und es gefüllt mit so vielen bunten Tagen.
Du hast mir die schönsten Geschichten geschrieben.
Dafür werde ich dich für immer und ewig lieben.

Du hast meinen Ballon weit gezogen,
durch dich bin ich am höchsten geflogen.
Du hast mich am weitesten vorangetrieben.
Dafür werde ich dich für immer und ewig lieben.

Du hast meine Zeit kostbar gemacht.
Und mich wie deinen Schatz bewacht.
Du bist mir am wichtigsten geblieben.
Ich werde dich für immer und ewig lieben!

(Für meine geliebte Mama, Birgit Meier. Mein Gedicht wurde
bekannt durch den ARD-Mehrteiler *Das Geheimnis des Toten-waldes* und durch die Netflix-Doku *Dig Deeper*)

8. Der Mensch

Herbert Wolf

Ich bin der Mensch,
der schaut und denkt,
der nach dir sucht,
und dich auffängt.

Ich bin der Mensch,
der weder Rosen bringt,
noch mit Ringen winkt,
der aber zu dir hält.

Ich bin der Mensch,
der nach deinem Willen fragt,
deinen Namen im Dunklen ruft,
der da ist, wenn du es willst.

Ich bin der Mensch,
dessen Namen du nennst,
wenn du Hilfe suchst,
hier und auch überall.

Ich bin der eine Mensch,
und du bist der andere,
wir sind die, die sich suchten
und fanden, als sie sich riefen.

Denn ich und du, wir sind die zwei,
die sich suchten und fanden!

9. china

Yasmine Meier

china ist gewesen!, meint sie.
die weltmacht am ende?
was wird nun aus den chinesen?
wie ich das fände?
gewinnt sie gerade eine wette?

was soll das heißen?, frage ich klar.
ihr lachen wird heller dazu.
na, mein porzellan ist kaputt!
sagt lachend sue.
na, dann ist ja gut.

(Gewinner beim Lyrikwettbewerb der Brentano-Gesellschaft
2022)

10. Wenn ich am Abend ...

Herbert Wolf

... den Sonnenuntergang erleben will!

Nicht einmal Gute Nacht wünschte sie mir,
da verschwand sie entfernt hinter Bäumen,
fremde Lichter blitzen auf, blass und unstet.
Aber morgen früh schon, da begegne ich ihr,
wenn sich der Nebel legt und der Wind weht.

Das Sonnenlicht hatte mich früh hinausgezogen,
Geschichten vom Abend zuvor, trug ich mit mir.
Zu den Dünen, zur offenen See mit ihren Wogen
lief ich, um bei deren Anblick Energie zu finden.
Schaue ich hinaus, dann fehlt sie, die Sonne hier.

Dunkelheit tilgt die Schatten um mich herum,
es verblassen alle Farben zu schlichtem Grau.
Ereignisse meines Tages verlieren ihr Gewicht.
Nachbarn, die mich laut störten, werden stumm,
nur Gedanken, die belasten, verschwinden nicht.

Kaum einer, der nicht vom Sonnenlicht angezogen,
aus dem Bett sich erhebt, weg von seinen Träumen.
Voller Hoffnung, erwartet er entspannte Stunden,
denn was sich im Lichte zeigt, will keiner versäumen.
Nur die Zeiger der Uhr drehen ungerührt ihre Runden.

11. Erdmännchen

Yasmine Meier

Ein Erdmännchenmännchen fragte sein
Erdmännchenweibchen:
„Meinst du, da kommen Erdmännchenmännchen oder
Erdmännchenweibchen aus deinem
Erdmännchenweibchenleibchen?"

Darauf sagte das Erdmännchenweibchen dann
zu ihrem neugierigen Erdmännchenmann:
„Ob da Erdmännchenmännchen oder
Erdmännchenweibchen kommen aus meinem
Erdmännchenweibchenleibchen?
Du bist aber nicht nur blind, du bist auch nicht schlau.
Denn du bist im falschen Erdmännchenbau!"

12. Totgeschlagen

Yasmine Meier

Eine gereimte Kurzgeschichte

Kaputt. Die alte Standuhr ging immer gut
im Wohnzimmer, die es nicht mehr tut.
Sie ist zwar jetzt alt genug, um in Rente zu gehen,
aber nun blieb sie unerwartet gerade stehen.
Mathilde Lorenz, eine 84-jährige Frau
mit blauen Augen und schlohweißem Haar
hatte nun, wie schon vieles hier zuvor
ihr mahagonibraunes Schmuckstück verlor'n.
Da kam es ihr gleich so vor, umgehend
als gäbe das Schicksal ihr zu verstehen,
ihr Leben würde mit dem Verstummen der
Uhr auch zu Ende gehen.
Dann saß sie in ihrem Sessel; dachte stumm,
es wäre dann endlich gewiss gleich um.
Mathilde sah sich jedenfalls schon leblos.
Wie die so geliebte schweigende Uhr bloß.
Von beiden nahm man nur Notiz doch hier,
wenn jede einen Laut von sich gab schier.
Mathilde war nun einsam und allein.
Sie lehnte es depressiv ab, unter Menschen zu sein.
Ihre sechs Enkelkinder lebten weiter weg von ihr.
Es waren mehr als ein paar Kilometer von hier.
Sie waren ihre einzigen lebenden Verwandten.
Die einzigen Menschen, die sie näher kannten.
Ihr einziger Sohn Peter war umgekommen.
Und seine Frau Silke hatte sich das Leben genommen.
Sie waren hin und wieder zu Besuch gekommen.
Und hatten für Mathilde Kuchen mitgenommen.

Ihr ältester Enkel, Peters Sohn Matthias,
studierte irgendwo mit Bachelor irgendwas.
In Brisbane, Bombay oder Barcelona.
Das vergaß sie, weil sie vergesslich geworden war.
In Brisbane, Bombay und Barcelona war sie.
Heute senden ihre Enkel Karten von Tahiti.
Aus New York oder Sansibar. Matthias war
neben Mathilde der eine, der es wie sie sah.
Dass die Uhr ein echtes Schätzchen war.
Sie freute sich, dass ihr Lieblingsenkel das so sah.
Würde Mathilde eines Tages sterben,
sollte Matthias auch sie dann erben.
Mathilde schaltete nun den Fernseher ein,
um die Zeit zu erfahren; um nicht allein zu sein.
Fernsehen sah sie immer gerne schon seit jeher.
Doch in der viel lauteren Stille umso mehr.
Es war ihr eine Freude, wenn *Charlotte* gewiss
zu jeder vollen Stunde schlug. Nun hatte sie Schiss,
die Ruhe nicht zu ertragen. So schaltete sie eher ein,
um durch den Fernseher nicht allein zu sein.
Sie mochte nicht mehr viele Menschen seh'n.
Und beschloss nun, dass es besser wäre, zu geh'n.
Selbst ihre einzige Urenkelin Luisa sah sie selten noch.
Eigentlich, so dachte sie, so gut wie nie doch.
Charlotte war es, der sie alles anvertraute.
So nannte sie die Uhr, die sie so gerne anschaute.
Um genau siebzehn Uhr an jenem Tag verstummte diese.
Es machte sie noch depressiver irgendwie.
Da glaubte die alte gebrochene Frau allein,
es wäre das Zeichen, nicht mehr hier zu sein.
Der Fernseher lief lauter und noch länger.
Ihre fünfundsechzig qm Leben wurden immer enger.
Sie sah nun fern bis tief in die Nacht.
Lebensmittel und Blumen wurden gebracht.
Mathilde ließ niemanden mehr herein.
Da musste er schon aus ihrer Familie sein.

Sie verließ ihre Wohnung bereits ewig nicht.
Als ob sie ihre eigene Gefangene wäre schlicht.
Sogar ihr Arzt und ihre Friseurin durften rein.
Aber ansonsten blieb ihr Lebensradius klein.
Wenige Besorgungen machte Enkel Niklas hier.
Für Reparaturen kam Enkel Malte zu ihr.
Der hatte Mathilde auch die Wohnung besorgt.
Und ab und zu hatte sie sich Geld von ihm geborgt.
Bis vor zwei Jahren gab es noch Katze Mimi.
Und Mathilde verwöhnte und liebte sie.
Aber wie es immer ist, irgendwann,
Mathilde musste Mimi beerdigen dann.
Genauer gesagt begrub Niklas fürwahr,
im Garten für Mathilde sie gut sichtbar.
Und seit zwei Jahren, wenn sie heruntersah,
blickte Mathilde auf einen Berg aus Rosen ganz nah.
Die Rosen hatte sie täglich vom Balkon regnen lassen.
Dann sang sie Mimi ein Ave Maria dazu passend.
Nun wusste sie, dass es auch Zeit für sie war zu geh'n.
Sie wollte die Uhr nicht mehr neu aufdreh'n.
Tatsächlich fanden bald darauf Nachbarn sie.
Niemand wusste, dass Mathilde traurig war wie nie.
Sie hatten geglaubt, die alte Frau schliefe fest, doch
vorm Fernseher, der mit Absicht lauter war noch.
Dass man sie bloß schnell fand bei den Rosen da.
Ihr Tod kam vollkommen unverhofft sogar.
Die Nachbarn nahmen an, vom Balkon
gefallen wäre sie, doch ohne ein Pardon
hatte Mathilde einfach Schluss gemacht.
Weich gebettet auf den Rosen; von ihr erdacht.
Im Obduktionsbericht stand später dann:
Tod durch Suizid! Sie war zerbrochen dran,
dass sie ihren Mann erschlagen hatte einst.
Der hatte Affären in Mannheim, Marl und Mainz.
Sie erschlug ihn vor dreiundzwanzig Jahren.
Das hat nie jemand genau erfahren.

Acht Jahre saß sie ein; doch sie meinte allein:
Sie konnte nicht hart genug bestraft sein.
Daher sperrte sie sich selbst zu Hause ein.
Ihre Schuld wog zu schwer; viel zu sehr allein.
Und fremde Menschen mochte sie nicht mehr.
Die Bühne Leben lag ihr nicht mehr sehr.
An diesem 15. November jährte sich
der Tag ihres Verbrechens schließlich.
Das Verstummen der Uhr kam genau recht.
Denn diesen Tag verdaute sie immer schlecht.
Nun hatte sie ihrem Dasein ein Ende gesetzt.
Schwer depressiv und so tief verletzt.
Matthias freute sich über die alte Uhr noch.
Auf einmal ging sie doch
von alleine wie durch ein Wunder noch.

13. Werbeslogan-Woogie

Yasmine Meier

Oh bitte, lieb mich aprilfrisch.
Mach' jetzt keine lila Pause.
Du bist im Bett nicht viel besser als eine Fanta-Brause.
schäum' mich ein, weich mich auf;
lieb mich beim Kaffeekauf.
Sei die Krönung!
lieb' mich bei meiner Poly-Kur-Haartönung.
Tau' mich auf, frier mich ein;
du sollst mein Gummibärchen sein!

Wickel mich ein, rubbel mich ab,
weil ich den richtigen Weichspüler für uns hab!
Nimm zwei Gläser Berentzen;
das garantiert uns nicht nur knackigen Spaß im Glas.
Zieh' mich wie eine Marlboro!
Nimm mich bei fünfundneunzig Grad mit Sanso.
Beiß mich wie eine Bifi,
schlabber' mich – wie Fifi – sein Pal.
Ich gebe deiner Zukunft ein Zuhause!
Auf meine Steine kannst du bauen!

Und jetzt machen wir doch mal eine lila Pause,
denn wenn einem so viel Gutes widerfährt,
das ist schon einen Müller-Milchreis wert.

(Mein Gewinner beim Lyrikwettbewerb der Zeitschrift
Journal für die Frau, 1995, mit dem meine
Reimkarriere startete, bisher sieben Bücher)

14. Als Anna am allerliebsten ...

Yasmine Meier

Anna aß am allerliebsten
Ananas. Als Anna an
Ananas aß, achtete Anna auf
aromatischen Ananassaft
austropfend aus Ananas. Als
Anna Ananas aß, aß Anna
Ananas am liebsten
achtsam. Anna aß acht
Ananasachtel am Abend
am Abendbrottisch anbei als
Abendbrot, als Anton Anna
Ananasbrei als Abendbrot anbot.

15. Zeit, Zähne zu zeigen

Herbert Wolf

„Soll das heißen, dass du erpresst wirst? Was sind das für Typen, die dich erpressen?", fragte sein Freund Hans.

Sie saßen in der Eckkneipe zusammen, wo sie sich sehr oft trafen. Gerade hatte ihnen Edgar eingestanden, in welchen Schwierigkeiten er momentan steckte, ohne allerdings auf Details einzugehen. Stockend und mit nervösen Gesten hatte er seinen Freunden anvertraut, dass ihn drei Männer massiv unter Druck setzten. Dieses Eingeständnis war ihm nicht leicht gefallen. Seine Begleiter hatten ihn dazu drängen müssen, dass er endlich den Mund aufmachte. Sie hatten seine Anspannung bereits bei der Begrüßung bemerkt. Seit Jahren kannten sie sich, da blieben ernste Sorgen eines Freundes nicht verborgen. Was er dann offenbarte, erschien ihnen unglaublich. Erst recht, als er diese drei Männer, die ihn unter Druck setzten, zu beschreiben versuchte.

„Das scheinen Kriminelle zu sein, aber bestimmt sind es keine seriösen Geschäftsleute oder gar Banker", bemerkte Andreas verständnislos. „Worauf hast du dich da eingelassen?"

„Banker sind das ja gar nicht, das war mir klar. Das sind Inkassoeintreiber, jedenfalls haben die sich so vorgestellt", stimmte Edgar kleinlaut zu. „Aber als Kriminelle wollte ich sie deshalb nicht sehen. Es gibt etliche Firmen, die auf die eine oder andere Art mit Inkassoeintreibern zusammenarbeiten. Es gibt ja auch betrügerische Schuldner, die einfach nicht zahlen wollen."

„Jedenfalls scheinst du gerade zu dieser Kategorie zu zählen, zumindest für dieses Trio", erklärte Hans ironisch. „Die als seriös einzuschätzen, also bitte entschuldige, wenn ich das offen sage, war ziemlich verwegen."

Hans verzichtete darauf, es so drastisch auszudrücken, wie er es empfand.

„Jetzt haben sie sich ganz anders gezeigt. Bei jedem unserer letzten Treffen sind die inzwischen regelrecht aggressiv geworden. Und das ist ja nicht alles. Die verlangen plötzlich, dass ich auch viel mehr zurückzahlen muss, weil ich mit meinen Zahlungen in Rückstand geraten sei ..."

Edgar hatte die Ellbogen auf die Tischplatte gestützt und barg seinen Kopf in den Händen. Fast verzweifelt schaute er seine Freunde an.

„Jetzt mal genau! Von wie viel Geld reden wir hier inzwischen?", fragte Andreas.

„Zwölftausend Euro hatten die mir geliehen. Die sollte ich innerhalb eines halben Jahres in monatlichen Raten von 2500 Euro zurückzahlen. Beginnen sollte die Rückzahlung am nächsten Ersten. Ich war doch so verzweifelt und habe gar nicht richtig nachgerechnet."

„Moment! Das muss ich kurz mal überprüfen", rief Hans und zog sein Handy hervor. Nach einer Minute schüttelte er nur wortlos seinen Kopf. Erst als ihn Andreas schon anstieß, redete er endlich los. „Sag mal, Edgar ist dir bewusst, was die da an Zinsen verlangen? Hast du das mal ausgerechnet? Das ist eine Verzinsung von fünfundzwanzig Prozent! Also ich bin kein Banker, aber die ziehen dich unglaublich über den Tisch."

„Ich weiß!", suchte Edgar sich mit kläglicher Stimme zu verteidigen. „Das war eine so ausweglose Situation damals gewesen! Mit der hatte ich absolut nicht rechnen können. Gerechnet hatte ich mit Tantiemen für mein fünftes Buch, das ja in diesem Jahr auf den Markt gekommen ist. Dachte, dass ich nur einen kurzfristigen Engpass überbrücken müsste."

„Entschuldige noch mal Edgar. Wann hattest du bisher für deine vier anderen Romane je eine größere Überweisung von deinem Verlag erhalten?", zeigte sich Hans mitleidlos. Er traf damit auf einen wunden Punkt bei seinem Freund, der prompt empört reagierte.

„Oh, Mann! Deine Frage baut mich jetzt gerade richtig auf! Deswegen wollte ich es euch nicht erzählen."

Sie waren seine Freunde und schwiegen betreten. Hans strich sogar verstohlen über Edgars Rücken und Andreas fasste spontan nach dessen Hand. Beide waren ratlos.

„Ich weiß, ich habe mich da auf Leute eingelassen, die meine Schwierigkeiten erst recht vergrößern", fuhr Edgar endlich fort. „Das Schlimme kommt ja noch. Weil ich die Raten im Moment in der Höhe absolut nicht begleichen kann, wollen die jetzt, dass ich noch dreitausend Euro zusätzlich bezahle."

Dass die drei ihm inzwischen auch mit körperlicher Gewalt drohten, verschwieg Edgar. Was er erzählt hatte, war ihm bereits peinlich. Beide Freunde schüttelten mehrfach ungläubig den Kopf.

„Das darf doch nicht wahr sein! Das ist reiner Wucher!", wurde Hans sogar laut, was andere Gäste in der Kneipe aufhorchen ließ.

„Ich denke, dass du denen endlich die Zähne zeigen musst", redete Hans jetzt deutlich gedämpfter weiter. „Du darfst dir das nicht gefallen lassen. Setz dich zur Wehr!"

Das rieten ihm seine Freunde, was leichter gesagt, als durch Edgar befolgt werden konnte. Der Gedanke war ihm selbst mehrfach gekommen. Noch lange an diesem Abend überlegten sie gemeinsam, wie sie diese drei windigen Spekulanten in die Schranken weisen könnten. Sogar eine Anzeige bei der Polizei erwogen sie, was sie letztlich verwarfen. Zum einen fanden sie Edgars Verhalten schlichtweg dämlich, was sie ihm aber nicht sagten. Zum anderen wunderten sie sich über den Schuldschein, den er ihnen gezeigt hatte. Der würde bei der Polizei kaum eine Anzeige begründen, waren sie überzeugt. Das Blatt Papier trug in dicker Schrift den bombastischen Titel *Kreditvertrag*. Dann wurde in dürftigen Worten darunter der geliehene Kreditbetrag angegeben und die Rückzahlungsmodalitäten beschrieben. Den Schluss bildeten ein Datum, ein Ort und je eine Unterschrift von Edgar, bezeichnet als Schuldner und dem Gläubiger, Ullrich Groß. Merkwürdigerweise war das ganze Papier mit Maschine verfasst, was die beiden Freunde verwunderte. Angeblich hatte Edgar die drei Leute doch zufällig getroffen. Jeder

Hinweis auf irgendeine Sicherheit oder Schwierigkeiten bei der Rückzahlung, fehlten.

„Das ganze Papier ist eine einzige Farce! Mann, Edgar", sagte Andreas und das klang wirklich wütend und nicht bedauernd. Edgar meinte sogar etwas Verachtung herauszuhören.

Die Überlegung der Freunde, ob sie mit Geld helfen könnten, brachte sie nicht weiter. Nicht mehr als dreitausend Euro wären dabei zusammengekommen. Künstler waren sie alle drei, finanziell ähnlich wacklig aufgestellt. Ihre Hilfe hätte nicht einmal genügt, den Zahlungsrückstand auszugleichen. Schließlich ging man mit dem Versprechen auseinander, dass jeder für sich weiter über eine Lösung des Problems nachdenken wollte.

„Du triffst dich auf keinen Fall noch mal mit denen allein. Da sind wir beide dabei. Wollen mal sehen, ob die das nicht beeindruckt. Du musst denen die Zähne zeigen, hörst du!", hatte Hans zum Schluss gesagt, was seinen Schriftstellerkollegen kaum aufrichtete.

„Denen die Zähne zeigen? So vielleicht?", fragte Edgar laut und grimassierend am folgenden Morgen vor dem Badezimmerspiegel. „Mein Gebiss soll die beeindrucken?", meinte er wenig überzeugt, obwohl ihm jetzt auffiel, dass seine Zähne blitzsauber und intakt aussahen.

„Mir muss etwas anderes einfallen, Drohungen von mir werden die kaum beeindrucken", redete er weiter. „Selbst, wenn Hans und Andreas neben mir stehen, wird das *Zähne zeigen* nicht funktionieren."

Er sah die drei Männer vor sich, wie sie ihm in ihrem durchgestylten Outfit beim ersten Mal begegnet waren. Die hatten nicht wie Gauner oder Kriminelle ausgesehen. Bei dieser Begegnung hatten sie ihn an gutverdienende Mitarbeiter eines großen Unternehmens erinnert. Von der Arbeit von Schuldeneintreibern hatte er ohnehin keine Ahnung. Gebildet und höflich waren sie ihm begegnet. Hatten sich sogar nach seinen Romanen erkundigt. Dass die ihn von Mal zu Mal kompromissloser und gewaltbereiter drohen würden, damit hatte er damals nicht rechnen können.

Die mehrfachen Begegnungen mit seinem Gläubiger, allein oder zusammen mit dessen Kumpeln, hatten ihm gezeigt, dass sich unter deren Kleidung offenbar knallharte und brutale Schläger verbargen. Wie weit diese gehen würden, wenn er nicht bald zahlte, war eine bedrückende Frage für ihn. Mit körperlicher Gewalt? Die schienen zu allem fähig zu sein. Mitleid oder gar Einsicht über seine Notlage war von denen nicht zu erwarten.

„Das muss anders gehen! Denk nach, Edgar!", beschwor er sich. Er brauchte eine rasche Antwort.

***

Edgars Einkünfte waren gering. Hauptsächlich stützte er sich auf Sozialleistungen. In unregelmäßigen Abständen überwies ihm sein Verlag für seine vier Romane etwas Geld, was seine finanzielle Lage jedoch nicht veränderte. Durch Nachhilfestunden besserte er seine Einnahmen etwas auf, schließlich hatte er das erste Staatsexamen für Lehramt abgelegt. Vollzeitlehrer hatte er aber nicht werden wollen. Er sah sich als Schriftsteller.

Sein Erstlingsroman hätte ihm ein gesichertes Einkommen bringen sollen, so hatte er gehofft. Sein wenig bekannter Buchverlag hatte bei ihm eine solche Hoffnung genährt. Um überhaupt publizieren zu können, hatte er sich an den Druckkosten beteiligen müssen. Der Verlag hatte ihm ein gelungenes Werk bescheinigt und ihn zu weiteren Ausgaben für Werbemaßnahmen ermutigt. Deren Einschätzung hatte sich aber nicht bewahrheitet. Die Verkäufe waren eher niedrig geblieben. Das sollte sich auch bei seinen drei folgenden Romanen nicht wesentlich ändern, obwohl er meinte, sich stetig verbessert zu haben. Nie stiegen die Verkaufszahlen so, dass er von den Einkünften allein hätte leben können.

Aufgeben war für Edgar keine Option. Eine Alternative sah er für sich ohnehin nicht. Als Geringschätzung seiner Werke wollte er den kargen Erfolg nicht sehen. Eher orientierte er sich an den Beispielen anderer Autoren, die ebenfalls lange für ihre Anerkennung hatten kämpfen müssen.

Vor etwa drei Jahren war er Andrea begegnet, die ihn trotz seiner knappen Einkünfte bewunderte und zu ihm hielt. Das hatte seine Situation etwas entspannt. Als sie sich beide entschlossen, zusammenzubleiben, schien das Thema, sich eine feste Arbeit suchen zu müssen, für Edgar erledigt zu sein. Sie verdiente ja ordentlich und das in einem sicheren Beruf.

Mit seinem kürzlich erst erschienenen Roman wähnte er sich endlich auf der Erfolgsspur. Tatsächlich stimmten ihn die Verkaufszahlen hoffnungsvoll. Im Jahr zuvor war Andrea ins Management ihrer Agentur aufgestiegen. Seither verfügte sie über ein spürbar höheres Gehalt. Ihr Optimismus reichte so weit, dass sie sich dazu entschieden, ein älteres Haus in ihrem Wohnort zu erwerben.

„Das schaffen wir schon", hatte Andrea beim Kauf erklärt. „Das Angebot ist ein Schnäppchen, das finden wir wohl so nah am Zentrum nicht noch einmal."

„Du hast recht! Schließlich werde ich in wenigen Wochen meinen fünften Roman auf den Markt werfen, und der wird endlich Früchte tragen, da bin ich mir sicher. Sehr wahrscheinlich werde ich dann regelmäßige und größere Zahlungen durch meinen Verlag erhalten. Wir schlagen zu!"

Das war vor fast einem Jahr geschehen ... sie hatten zugeschlagen. Seither wohnten sie in ihrem schönen neuen Zuhause.

Doch gleich zwei Erwartungen erfüllten sich anders als von ihnen vorhergesehen. Die anfänglich guten Verkaufszahlen des neuen Romans stagnierten bald, zeigten sich manchmal sogar rückläufig und die Kosten für das Haus zu stemmen, fiel ihnen weitaus schwerer als gedacht. Sie mussten nicht nur die Kreditraten bei der Bank bedienen, unaufschiebbare Reparaturen und Gebühren, die sie vorher nicht erwartet hatten, drückten die Finanzkasse. Erst ging Andrea auf Betteltour im Verwandtenkreis, dann auch er. Bei ihm war das noch schwieriger. Die Familie hatte sein Autorendasein bereits mehrfach finanziell unterstützen müssen. Sein Vater erklärte ihm, dass er nahezu pleite wäre wegen dieser Subventionen. Sein Bruder ließ gar nicht erst mit sich reden.

„Was ist, Edgar? Kriegst du noch Geld rein?", fragte Andrea ziemlich beunruhigt bei einer ihrer Krisensitzungen. „Schau dir die Rechnungen an! Entweder du hast eine Idee, wie wir die bezahlen können oder ..."

„*Was*, oder?", fragte er bereits ahnend, was seine Partnerin gleich vorschlagen würde.

„Oder du wirst dir einen Job suchen müssen. Du bist schließlich Lehrer und die werden gerade gesucht."

„Ich soll mir einen Lehrerjob suchen? Weißt du, was du da von mir verlangst? Vierundzwanzig Wochenstunden plus Vorbereitung des Unterrichts plus Korrekturen von Klassenarbeiten plus ... Denkst du wirklich, dass ich dann noch eine einzige Zeile schreiben kann?"

„Glaubst du, dass wir anders noch unsere Rechnungen bezahlen können? Edgar wach auf! Deine Bücher laufen nicht, jedenfalls nicht so, dass du damit genug Geld verdienst. Was läuft, sind unsere Schulden, die laufen uns davon!"

Es war eine bittere Wahrheit für ihn, sich das anhören zu müssen. Andrea hatte ja völlig recht, das wusste er. Trotzdem hätte er sich ihrer Ansage lieber entzogen, er fühlte sich nur hilflos. Über seine Berufung wollte er nicht diskutieren, auch nicht mit Andrea.

„Wie hoch sind die Schulden, die wir kurzfristig bezahlen müssen?", fragte er nach einer langen Pause, bei der sie ihm fragend gegenübergestanden hatte. Fast eine rhetorische Frage, denn er hatte weder eine Finanzquelle in petto, noch eine Idee, eine solche aufzuspüren.

„Ich schätze, zehn bis zwölftausend Euro sind jetzt aufgelaufen. Die müssten wir bis spätestens zum nächsten Ersten überweisen."

„Oh Gott!", sagte er und seine Schultern sanken noch ein Stück tiefer herunter. „Ich muss nachdenken ..."

Er wollte Zeit gewinnen und erklärte, dass er das nur allein könne. Wenig später war er losgelaufen, um sich ihrem fragenden und besorgten Blick entziehen zu können.

Die Straßenlampen leuchteten in dem Moment auf, als er das Haus verließ. Dicke Regentropfen reflektierten den Lampenschein, was er nicht beachtete, obwohl sein Haar und die Jacke rasch nass wurden. Einmal um den Block hatte er herumlaufen wollen.

Im Lokal *Bierseidel* sah er das Licht und die reichlichen Gäste, die sich an der Theke und den Tischen drängten.

„Für ein Bier und einen Schnaps sollte es noch reichen", sagte er zu sich und betrat das Lokal. Eine warme, etwas abgestandene Luftwelle drückte ihn fast wieder hinaus, doch es war schon zu spät. Eine ganze Reihe der Gäste hatten ihn bemerkt und jemand winkte ihm sogar zu, hereinzukommen.

Er setzte sich auf einen Barhocker, bestellte und sah sich nach den Gästen um.

An der gegenüberliegenden Seite standen oder lehnten drei Männer an der Theke, auf Anfang dreißig schätzte er sie. Sie wirkten schlank, kaum 1,80 cm groß und hatten alle noch volles blondes Haar. Soweit er es im abgedunkelten Licht der Kneipe ausmachen konnte, trugen sie moderne und teure Bekleidung, deutlich erkannte er die Logos angesagter Modemarken. In dieser Straße gab es eine Reihe größerer Geschäftshäuser. Sie hätten dort Angestellte sein können, die hier den Feierabend genossen.

Sie benahmen sich auffallend locker, redeten und lachten sogar laut. Von ihrer Umgebung schienen sie kaum Notiz zu nehmen. Der Wirt hinter der Theke schien sie zu kennen, reagierte mehrfach auf deren Reden und lachte gelegentlich mit.

Vielleicht doch Banker, überlegte Edgar. Aber das schien ihm nicht so richtig zu den golden glänzenden Halsketten, Armbändern und den Ohrringen zu passen, mit denen sie sich alle geschmückt hatten. *Fehlen nur die Laptoptaschen, die kann ich wahrscheinlich jetzt nicht sehen.*

Edgar trank schnell und bestellte schließlich noch einmal dasselbe. Es ging ihm inzwischen besser. Etwas hatte er vergessen, was ihn eigentlich auf die Straße und in dieses Lokal geführt hatte. Der Blickkontakt zur Theke gegenüber fiel leichter und sogar ungenierter. Als einer der drei Männer Edgar zuprostete, erwiderte er die Geste. Bevor er seine nächste Runde bestellen konnte, stoppte ihn der Mann mit einer Geste und orderte für ihn einen Cocktail, den die anderen ebenfalls gerade tranken.

„Wird Ihnen sicher auch schmecken", erklärte er. „Ich heiße übrigens Groß … Ullrich Groß, trotz meiner bescheidenen Größe. Das sind meine Freunde, Dirk Heinrich und, lachen Sie nicht, Heinrich Ehrlich."

Groß und seine Begleiter hoben jetzt ihre Gläser und prosteten Edgar zu.

„Und ich heiße Albrecht, Edgar Albrecht!", stellte sich Edgar vor.

„Ich habe Sie hier schon mal gesehen!", rief ihm Groß zu. „Kennt ihr Edgar auch? Entschuldigen Sie, wenn ich Sie gleich beim Vornamen anrede, trinkt sich so entspannter miteinander!"

Edgar konnte gar nicht antworten, weil der, der mit Vornamen Heinrich hieß, dazwischen ging: „Dann sollten wir uns alle gleich duzen!"

„Keine Einwände", stimmte Edgar zu. „Aber dass Sie, ich meine du, mich kennen könntest, kann ich mir nicht vorstellen. Ich gehe hier selten rein und euch habe ich in diesem Lokal noch nicht gesehen."

„Nee, warte mal. So eine Verwechslung passiert mir selten. Personengedächtnis ist meine zweite Natur."

Seine Freunde lachten verhalten und warteten, dass Groß gleich seine Vermutung aufklären würde.

„Doch, doch", beharrte Ullrich auf seiner Meinung. „Ich bin sicher, dich schon gesehen zu haben."

„Vielleicht im Internet", entgegnete Edgar, amüsiert den Kopf schüttelnd.

„Kein schlechter Gedanke", rief Ullrich. „Bist du dort auch unterwegs?"

„Gelegentlich. Ich poste eher selten, aber passiert schon mal, wenn ich …"

Wieder wurde er unterbrochen. Dieses Mal war es Dirk, der Bartträger, der ihn ganz ernst fragte: „… wenn du ein neues Buch ankündigst? Dein Name ist mir bekannt, mehr als dein Gesicht. Edgar Albrecht. Du bist Schriftsteller, stimmt's?"

Bei allen dreien schien eine Erkenntnis angekommen zu sein. Sie schlugen sich auf die Schulter, Ullrich trommelte kurz auf die Theke.

„Leute, lass uns an einen Tisch wechseln und etwas Passendes zum Kennenlernen trinken!", rief er. „Bringen Sie uns doch mal eine Flasche Wein, Sie wissen ja, was wir gern trinken."

Kurz darauf saßen sie sich an einem runden Tisch im Inneren des Lokals gegenüber.

„Jetzt sitzen wir tatsächlich mit einem echten Schriftsteller an einem Tisch, das ist uns noch nie passiert", rief Ullrich, dem der Gedanke offenbar großes Vergnügen zu bereiten schien.

Edgar wurden viele Fragen gestellt, die er kaum erschöpfend beantworten konnte. Auch streiften die selten sein künstlerisches Interesse, sondern richteten sich mehr an seinen Erfolg beim Vermarkten seiner Bücher. Eine Frage machte das besonders deutlich.

„Verdienst du richtig Kohle mit deinen Büchern?", fragte Dirk und verkniff sich ein Kichern.

Das war nicht unbedingt das, was Edgar gern beantwortete. Nicht jetzt und nicht an diesem Platz.

„Ich glaube, ihr habt da etwas rosige Vorstellungen vom Buchgeschäft oder von dem, was ich als Autor verdiene. Wisst ihr, wie viele Bücher allein in Deutschland jährlich neu auf den Markt drängen? Siebzigtausend und es können durchaus auch mehr sein!"

Die drei Männer drängten darauf, dass er weitererzählte über das Los eines mäßig bekannten Schriftstellers. Obwohl das Interesse scheinbar anhielt, spürte er doch ihre mitleidigen Blicke, die sie ihm, aber vor allem sich untereinander zuwarfen. Mehrfach schüttelten sie kaum merkbar ihre Köpfe oder grinsten sich an.

„Wie kommst du denn dann klar? Einen anderen Job hast du ja nicht. Deine Lebenspartnerin muss dich wohl kräftig unterstützen, oder?"

„Ehrlich gesagt, momentan läuft es nicht so gut", gestand Edgar offen ein. „Wenn ihr mich schon so fragt: Gegenwärtig liegt bei mir ein Stapel mit unbezahlten Rechnungen herum, die ich so schnell wie möglich bezahlen soll!"

Die neuen Bekannten schienen aufrichtig betroffen zu sein. Sie tauschten fragende Blicke miteinander aus, bis einer von ihnen den anderen ein kurzes Zeichen mit der Hand gab.

„Edgar, lass uns mal einen Moment allein überlegen. Wir gehen kurz mal vor die Tür", erklärte schließlich Ullrich, der immer mehr eine Führungsrolle zu übernehmen schien. „Nimm dir inzwischen noch mal einen Cocktail, geht auf uns!"

Es dauerte fast eine halbe Stunde, bis die drei Männer an ihren Tisch zurückkehrten.

„Entschuldige, Edgar, aber wir mussten eine Idee ernsthaft prüfen", sagte Ullrich und hatte jetzt eine Tasche bei sich, wie sie für das Tragen eines Laptops geeignet war. Daraus zog er ein Blatt hervor, das er vor Edgar erst glattstrich.

„Ich erkläre mal, was wir dir vorschlagen können. Du liest gleich mit."

Was Ullrich dann erläuterte, war nichts anderes als ein etwas knapp gestalteter Schuldschein. Fast hatte dieses eine Blatt Papier Ähnlichkeit mit einem richtigen Kreditvertrag, wenn nicht so viele Details darin gefehlt hätten. Das fiel Edgar auf, aber er war auf den dick ausgewiesenen Euro-Betrag fixiert, und der fesselte seinen Blick.

„Wir können dir sofort zwölftausend Euro leihen. Mit sofort meine ich, hier gleich bar auf die Hand."

„*Wie* zwölftausend Euro? Ihr meint, ihr könnt mir das Geld sofort geben, hier jetzt an diesem Tisch?", fragte Edgar verblüfft.

„Das kann ich auch noch erklären. Wir arbeiten für Großhändler, zum Beispiel für die Ladenkette *Kaufparadies*, kennst du ja wahrscheinlich aus der Werbung. Für die holen wir gelegentlich das Geld bei Kunden ab, die ein paar Probleme haben, es rechtzeitig zur Bank zu schaffen. Verstehst du? Wir sind Inkasso-Eintreiber."

„Inkasso-Eintreiber?", wiederholte Edgar so konsterniert, als hätte ihm Groß erklärt, dass er in Wahrheit ein Außerirdischer sei.

„Klingt für manche Zeitgenossen etwas negativ, aber ja, jemand muss ja dafür sorgen, dass die Geschäfte zu ihrem Geld kommen, oder?", feixte Heinrich etwas verlegen.

„Was ich hier sehe, sieht nicht nach einem üblichen Kreditvertrag aus, eher wie ...", zeigte sich Edgar nun doch verunsichert.

„Auf die Schnelle hatten wir jetzt keinen Kreditvertrag zur Hand, aber was wichtig ist, steht auch hier auf dieser Seite gut beschrieben drauf. Pass auf, Edgar: Wir lassen dich jetzt noch mal mit diesem Papier eine Viertelstunde zum Nachdenken allein. Da kannst du dir unseren Vertrag durchlesen und überlegen, ob du unser Angebot annimmst", erklärte Ullrich. Direkt an seiner Seite stehend, gewährte ihm Dirk einen Blick in einen dicken Umschlag. „Das haben wir dabei. Überlege es dir halt."

So hatte es angefangen. Er hatte das Papier unterschrieben, alle vier hatten noch etwas getrunken und dann war Edgar mit zwölftausend Euro nach Hause gelaufen. Seine Gefühle waren zwiespältig, auch weil er sich überlegen musste, wie er die Herkunft des plötzlichen Reichtums erklären könnte.

Bei der Bezahlung seiner Schulden konnte er in einem Fall Aufschub aushandeln, was es ihm ermöglichte, die erste Rückzahlung an die drei vermeintlichen Freunde pünktlich zu leisten. Dann kamen jedoch weitere unerwartete Rechnungen. Mehr Geld war jetzt nicht verfügbar. Das alte Problem geriet zum neuen.

Bei der Zahlung der fälligen zweiten Rate konnte er Ullrich nur mühsam erklären, warum er nicht zahlen konnte. Zögernd und deutlich verärgert akzeptierte dieser seine Entschuldigung.

„Aber dir ist schon klar, dass du dich an unsere Abmachung halten musst, oder? Für den Verzug müssen wir dir natürlich Verzugszinsen berechnen", erklärte er ihm mit warnendem Blick.

Edgar hatte sich nicht getraut, nachzufragen, was da noch auf ihn zukommen würde. Er war froh, dass Groß ihn hatte ziehen lassen, denn der hatte ganz anders geklungen als vorher. Minutenlang hatte er gefürchtet, von ihm tätlich angegriffen zu werden. Jetzt lähmte ihn die Verzweiflung, er hatte keinen Schimmer, wie er die nächste Rate, geschweige denn die aufgelaufenen offenen Schulden begleichen könnte.

Der folgende Termin zeigte, mit wem er sich eingelassen hatte. Alle drei Typen schauten jetzt nicht nur auf die von ihm zusammengekratzten tausend Euro, sondern wollten ihm offenbar eine Lektion erteilen. Wohl als Zeichen gedacht, wie sie mit ihm umgehen könnten, haute Heinrich ihm eine rein, mitten ins Gesicht.

„Wir können dir auch richtig wehtun, das kannst du uns glauben!", erklärte ihm dazu ein eiskalter Ullrich. Was der ihm über die nochmals deutlich gestiegenen *Verzugszinsen* sagte, hörte Edgar kaum noch.

***

Die ganze Entwicklung setzte Edgar massiv zu. Die Angst vor der unvermeidbar nächsten Begegnung verdrängte jeden Gedanken an einen neuen Text. Kaum gelang ihm noch ein erholender Schlaf, Horrorvorstellungen erfassten ihn nachts. Fahrig und panisch blickte er auf den Kalender und schließlich nur noch auf seine Uhr. Er überlegte, ob er tatsächlich seine beiden Freunde zur Hilfe rufen sollte.

„Wir sind einfach nicht die Richtigen, um es auf eine Schlägerei mit denen ankommen zu lassen", entschied er sich dagegen. „Das muss ich irgendwie allein durchboxen. Hans und Andreas können mir da nicht helfen."

Ihm fiel eine andere Idee ein.

Ich könnte die Polizei auf unser nächstes Treffen aufmerksam machen, sodass die sich in der Nähe aufhalten könnten. Ich müsste das nur glaubhaft begründen.

Als Treffpunkt war ein kleiner Park nahe der Kneipe vereinbart worden, wo er diesen unsäglichen Schuldschein unterschrieben hatte. Direkt daneben verlief eine der wichtigen Ausfallstraßen der Stadt. Eine vielgenutzte Straßenbahnlinie trennte in der Mitte die vierspurige Straße. Er nahm an, dass auch der Polizei dieser Park bekannt sein müsste, da sich dort nicht selten Drogendealer herumtrieben. Sporadisch wurde dieser deshalb von ihnen kontrolliert.

Der Polizei einen kleinen Tipp geben, dass sich dort nachher irgendein Deal abspielen könnte, müsste die doch dazu veranlassen, mal vorbeizufahren. Hoffentlich nehmen die meinen Hinweis ernst, überlegte er und nahm sein Handy in die Hand.

Weiche Knie kennt jeder, Edgar spürte sie jetzt, als er sich entlang der verkehrsreichen Einfallstraße in Richtung Park bewegte. Die Straßenbeleuchtung würde bald eingeschaltet werden, der Feierabendverkehr hatte bereits eingesetzt. Er hatte achthundert Euro zusammengekratzt, viel zu wenig, da war er sich sicher. Trotzdem hoffte er mit diesem Geld, enthalten in einem Briefumschlag, die drei erst einmal beruhigen zu können. Etwas Zeit wollte er gewinnen, damit sich die Polizei einfinden könnte. Mehrfach schaute er sich um, ob er bereits verfolgt wurde. Auf seiner Straßenseite war Parken verboten, nur auf der anderen Seite gab es Parkbuchten, die aber durchweg belegt waren. Um dorthin zu gelangen, musste man die Straßenbahngleise überqueren.

Er schaute hinüber, suchte nach einem Auto, in dem möglicherweise seine Gläubiger auf ihn warteten, aber wenn die in ihrem Wagen dort parkten, hätte das Edgar von der anderen Straßenseite kaum erkennen können.

Er bog endlich in den Park ein und schien der einzige Besucher zu sein. Langsam lief er zu einer vorbestimmten Parkbank, die in einer kleinen Bucht aus dichten Sträuchern zur Straße hin abgeschirmt war. Davor erstreckte sich der Rasen.

Es dauerte, es rührte sich nichts. Er fühlte plötzlich nicht mehr diese Anspannung oder gar Panik, wie in den Stunden zuvor. Eine für ihn unerklärliche Ruhe erfasste ihn. Fast ungeduldig redete er halblaut mit sich: „Kommt endlich, kommt endlich!"

Dann kamen sie, seine Peiniger. Alle drei. Sie schlenderten fast wie auf einem Spaziergang, schienen Spaß zu haben. Sie hatten sich ausstaffiert, genauso, wie am ersten Abend ihrer

Begegnung. Man könnte meinen, dass sie Brüder seien, so sehr ähnelten sie einander, fiel Edgar auf.

„Wie geht es dir, Edgar?", rief ihm Ullrich lächelnd zu, da lagen noch einige Meter zwischen ihnen. Er verhielt sich so, als träfen sie sich zu einer netten Unterhaltung. Seine *Brüder* empfanden in diesem Moment wohl anders.

„Hast du dieses Mal die vollständige Rate für diesen Monat mitgebracht?", fragte Heinrich deutlich unfreundlicher, und Dirk bewegte wohl dieselbe Frage, denn er nickte finster mit dem Kopf.

„Zumindest komme ich nicht mit leeren Händen", antwortete Edgar mit entschlossener Stimme. Er stand die Beine leicht gespreizt fest auf dem Boden und hielt Ullrich den Umschlag mit dem Geld hin.

„Dann lass doch mal sehen, ob es dieses Mal reicht ...", erklärte dieser und öffnete den Umschlag.

Kaum, dass er und seine Kumpel das dünne Bündel Geldscheine erblickten, mit dem Ullrich durch die Luft fuhr, als sei es ein Stück altes Zeitungspapier, veränderte sich schlagartig deren Stimmung. Finster blickende Gesichter verwandelten sich in aggressive Fratzen, die ihre Wut fluchend hören ließen.

„Er hat uns schon wieder verarscht!", schrie Dirk und Heinrich stimmte in gleicher Lautstärke zu: „Der nimmt uns überhaupt nicht ernst!"

„Meint ihr nicht, es wird Zeit, unserem Freund Edgar mal deutlich zu zeigen, was passiert, wenn einer uns verarscht?", richtete Ullrich eine Frage an seine Begleiter. Eine überflüssige Frage, denn in diesem Moment traf Edgar schon ein Faustschlag direkt ins Gesicht. Er spürte sofort die aufgeplatzte Lippe und schmeckte das Blut. Einer der drei trat ihn gegen die Brust, sodass er taumelte und rücklings auf den Rasen fiel.

Während Ullrich sich sofort auf seine ausgestreckten Arme kniete, sodass er bewegungslos auf dem Gras lag, traktierten ihn die beiden anderen mit ihren Füßen. Ohne Pause traten sie ihm in die Seite oder versuchten, gegen seine Beine zu treten. Ullrich grinste ihn hässlich an, dann stieß er ihn mit seinem

Kopf zuerst gegen die Brust und gleich darauf auf die Nase, was diese ebenfalls zum Bluten brachte.

„Wir machen dich fertig!", rief Heinrich und trat erneut kräftig in die Seite des wehrlosen Opfers am Boden.

Zeig ihnen deine Zähne! schoss es Edgar durch den Kopf. *Zeig endlich deine Zähne!*

In diesem Moment wollte Ullrich erneut mit seinem Kopf gegen sein Gesicht stoßen. Edgar hatte in Erwartung dieser Attacke seinen Mund weit aufgerissen. Jetzt biss er so kräftig zu, wie er nur konnte. Er ließ nicht locker, fester und fester presste er seine Zähne zusammen und hielt sie auch dann noch geschlossen, als Ullrich sich verzweifelt loszureißen versuchte. Edgar reagierte fast wie unter Drogen, ihm war es egal, was er da mit seinem Gebiss regelrecht zermalmte.

Ein durchdringender, lang gezogener Schrei entfuhr Ullrich, dem es mit einem Ruck gelungen war, sich endlich aufzurichten. Wieder auf den Beinen, führte er einen verrückten Schmerzenstanz auf. Der Schmerz hinderte ihn offenbar sogar daran, seine Hand auf seine übel zugerichtete Nase zu pressen. Blut entstellte rasch seine gesamte Mund- und Kinnpartie.

Seine Begleiter hielten erschrocken inne, vergessen schien für einen Moment, der am Boden liegende Edgar, den sie eben noch mit ungezügelter Aggression traktiert hatten. Stattdessen versuchten beide, Ullrich zu halten, um seine Bissverletzung im Gesicht untersuchen zu können. Dieser wehrte sich dagegen aber so heftig, dass sie bloß die stark blutende Wunde erkennen konnten.

„Der hat ein Stück von deiner Nase abgebissen!", stieß Heinrich entsetzt aus. „Wir müssen dich sofort zur Ambulanz fahren. Los, zurück zu unserem Auto!"

Plötzlich hörten sie für ein paar Sekunden eine Sirene. Ein Fahrzeug hatte hinter den Büschen gestoppt, die ihren Platz gegen die Straße abschirmten. Kurze Kommandos ertönten und gleich darauf tauchten zwei Polizisten bei ihnen auf.

„Wir müssen abhauen!", kommandierte Heinrich seine Begleiter, der die Lage als Erster erfasst hatte. Er suchte den direkten Weg durch die Büsche zur Straße. Auch Dirk und Ullrich versuchten, so zu entkommen.

Einer der Beamten beugte sich über Edgar, um ihm seine Hilfe anzubieten. Der andere zögerte kurz und lief dann den Geflüchteten hinterher.

„Sind Sie von denen angegriffen worden?", fragte der Polizist, während er Edgar auf die Beine half.

„Oh Gott!", stöhnte der nur. Blut floss aus der Nase und zeichnete einen dünnen Streifen bis zur Oberlippe. Beim Aufstehen schmerzten deutlich die Körperstellen, die die drei Burschen durch ihre Tritte malträtiert hatten. Unsicher war er, ob er nicht Brüche davongetragen hatte. Aber er hatte überlebt, das war das Wichtigste und er fühlte sich in Sicherheit.

„Was ist mit Ihnen passiert?", fragte ihn der Polizist, der sich sein Gesicht genauer ansah. „Das sieht ziemlich übel aus. Sie bluten nicht nur aus der Nase, die Lippe hat es ebenfalls erwischt. Wissen Sie, warum die Sie angegriffen haben?"

Edgar konnte nicht antworten. Er wurde jäh durch das Quietschen von Autoreifen und dem folgenden, irre lauten Kreischen von Bremsen einer Straßenbahn daran gehindert. Dann herrschte Stille, die sogar den Verkehrslärm getilgt zu haben schien. Ein langer Moment. Endlich setzte ein vielstimmiges, aber wirres Geschrei ein.

Der Polizist und Edgar versuchten, zu verstehen, was da gerufen wurde. Verzögert zwängten sie sich dann ebenfalls durch die Büsche zur Straße.

Auf den Gehwegen beidseits der Straße drängten sich die Schaulustigen. Die Autos stauten sich in beiden Richtungen, kein einziges fuhr weiter. Eine Straßenbahn stand erkennbar nicht mehr auf dem Gleis und wurde von zahlreichen Personen umringt. Diese redeten teils erregt miteinander oder hockten auf Knien neben der Bahn. Auch der Polizeibeamte von vorhin stand daneben.

Nur langsam erfasste Edgar die Situation, denn obwohl klar war, dass die Straßenbahn in einen Unfall verwickelt war, ahnte er nicht, was sich genau ereignet hatte. Die größere Menschenmenge versperrte ihm auch die Sicht.

„Was ist da los?", fragte Edgar eine neben ihm stehende Frau. Diese blickte ihn erschrocken an, weil sie das Blut und die Verletzungen im Gesicht sah. Jetzt erst spürte er etwas Weiches, Hautartiges in seinem Mund. Fast übel musste er diesen Fremdkörper zur Seite ausspucken, was die Frau mitbekam und missbilligend ihren Kopf schüttelte.

„Sie sehen ja schrecklich aus! Haben Sie sich geprügelt?", fragte sie. Dann erzählte sie, was sie gesehen hatte. „Sieht so aus, als hätten gerade drei junge Männer die ankommende Straßenbahn beim Überqueren der Straße übersehen. Vermutlich wurden sie von ihr erfasst. Sie sind jedenfalls nicht mehr zu sehen."

Edgar verzichtete darauf, selbst weiter nachzuforschen. Er wollte nur noch nach Hause. Dort betrachtete er sein angeschwollenes Gesicht im Badezimmerspiegel, wusch es vorsichtig und rieb etwas Salbe auf die geröteten Stellen.

„Du siehst ja furchtbar aus!", erschrak sich Andrea, als er sich zu ihr auf die Couch setzte. „Was ist passiert?"

„Erzähle ich gleich. Gib mir einen Moment! Ich möchte kurz die Abendschau sehen", antwortete er.

Dann kam eine Meldung im Fernsehen, die er erwartet hatte. Drei Männer wären heute Abend von einer Straßenbahn im Stadtzentrum erfasst und dabei so schwer verletzt worden, dass einer von ihnen bereits am Unfallort verstorben wäre. Ob die beiden anderen Männer überleben würden, sei derzeit unklar.

„Hat das etwas mit dir zu tun?", wollte Andrea endlich wissen.

„Vielleicht ist heute etwas passiert, was unsere Probleme erst mal beenden könnte", sagte er, war aber zu erschöpft, um Andrea die ganze Geschichte erzählen zu können. Weder in den Nachrichten noch bei einer Begegnung sollte er je wieder auf einen seiner drei Peiniger treffen.

16. Bunte Gestalten

Yasmine Meier

Sie dachte, sie machte sich was klar.
Sah flüchtig, weil Blick gesenkt.
Nur vage Gesichter.
Nie schon dichter.
An der Theke in dem neuen Club dann:
Welcher war der richtige Mann?
Viele bunte Gestalten.
Sie war nicht mehr aufzuhalten.
Anmachküche: alte Sprüche, kalte Gerüche. Flirtflaute.
Ob sich einer beim Tanzen mehr traute?

Doch was sie auch wagte, was sie auch sagte:
nicht einer, der mehr als schaute, sich was traute.
Vielleicht bei einer Zigarette?
So tun, als wenn sie keine hätte!
Die Raucherpolonäse setzte sich in Trab.
Ob ihr einer eine abgab?
Doch im Hellen erkannte sie,
dass sie alleine bliebe.
Denn hier gab es nur unter Kerlen Liebe!

17. Wertvolle Zeit

Herbert Wolf

Wir erzählen uns nicht immer alles! Manchmal ist das auch gut so, gelegentlich aber auch nicht, so wie bei Heike und Markus, wenn dann sogar unnötig Zeit vergeudet wird.

Leise öffnete er die Schiebetür zu ihrem Raum. Kurz nur streifte sein Blick den Monitor neben dem Krankenbett, bevor er sich der Frau im Bett zuwandte.

Auf dem Rücken ausgestreckt lag Heike da, die eine Hand offen auf der Bettdecke liegend, die andere hielt sie versteckt unter der Decke. Auf ihrem Handrücken klemmte mit einem Heftpflaster fixiert ein bläulicher Venenzugang, ein langer Plastikschlauch, der zu einem Infusionsständer führte. Um ihren Hals lag ein durchsichtiger Schlauch, dessen Enden mit den Öffnungen an ihre Nase reichten.

Sie hatte die Augen geschlossen, die tief eingebettet schienen in einem kalkweißen Gesicht. Die Wangenknochen ragten daraus fast spitz hervor. Das flache Atmen ließ sich nur erahnen.

Markus trat ans Bett, beugte sich dichter über sie. Intensiv suchte er ihren Blick. Seine Hand griff nach ihrer unter der Bettdecke und zog sie sanft zu sich heran.

„Heike, ich bin zurück", sagte er kaum hörbar, als wollte er sie nicht aus ihrem Schlaf wecken. Leider hatte er kurz weg müssen in die Firma, obwohl er ausdrücklich um einige Urlaubstage gebeten hatte. Sein Büro hatte am frühen Vormittag Nachrichten geschickt. Dringlich sei es, warum sein Erscheinen am Arbeitsplatz erforderlich wäre. Er hatte sie unbeantwortet weggedrückt. Dann meldete sich seine Firma telefonisch, und das konnte er nicht ignorieren. Er müsse doch noch mal ins Büro kommen, nur kurz, aber eben unverzichtbar, hatte ihm seine Sekretärin mitgeteilt. Der Bereichsleiter persönlich hätte das gefordert. Es war schon fünfzehn Uhr, als er Heike verließ.

„Die geben nicht auf …", hatte er entschuldigend gesagt und ihr schnell einen Kuss auf ihre Wange gedrückt. „Ich werde mich beeilen!" Ein Blick rückwärts von der Tür aus, hielt nur einen Moment auf, er sah noch, wie sie ihm zulächelte. „Nur kurz!"

Aber was hieß in einer Großstadt wie Berlin, zumal an einem normalen Wochentag *kurz*. Kurz war allenfalls seine Geduld, als er sich mühevoll den Weg zu seiner Dienststelle durch den Verkehr suchte. „Die bauen überall und ohne Rücksicht auf den Verkehrsfluss an praktisch jeder Straßenecke, auf Hauptrassen durch die Stadt sowieso!", schimpfte er sinnlos beim Fahren. Wie oft hatte er sich darüber beklagt? Manchmal sogar dann, wenn er nicht in Eile gewesen war. Die gedachte eine Stunde Abwesenheit würde er nicht einhalten können, das wurde rasch klar. Dabei riskierte er schon viel, fuhr schneller, wo wegen der lang gezogenen Baustelle auf einer der wichtigen Achsen ins Zentrum nur Tempo dreißig erlaubt war. Autos vor ihm krochen im Schritttempo den Ampelkreuzungen entgegen, wenn dort oft nur wenigen Fahrzeugen das Überqueren gelang. Abbieger, Fußgänger, Radfahrer mit unbekannter Richtungsangabe, alle hemmten den Verkehrsfluss. Dunkelgelb geriet die eine oder andere Ampel, wenn er diese ignorierend, trotzdem weiterfuhr.

Der bereits ins dunkle Rot verfärbte Sonnenball, stand in seiner Fahrtrichtung, fast in Fahrbahnhöhe und seine Sonnenblende half ihm nicht.

„Schon so spät! Verdammt, warum dauert das hier nur so lange?" Der Schlag auf das Lenkrad schmerzte und ließ ihn seine Faust zusammenballen und wieder öffnen. „Heike, ich werde es nicht schneller schaffen."

Keine Woche vorher war er in entgegengesetzter Richtung ins Krankenhaus geheizt. Heike hatte ihn im Büro angerufen und gebeten, sie dort zu treffen. Da hatte die Sonne ihm allenfalls den Rücken gewärmt. Gestört hatte ihn das nicht, so beunruhigt war er gewesen. Die Erinnerungen kamen und waren so aufdringlich wie die blendenden Sonnenstrahlen, die für andere möglicherweise ein Wohlgefühl für den bevorstehenden Feierabend vermittelten, nur nicht für ihn. Ihm zeigten sie die

Zeit, die er so nutzlos in diesem Auto verbrachte im stetigen Vorwärtsschieben, und das in die falsche Richtung. „Zurück muss ich hier auch noch."

Und jetzt war es doch so spät geworden. Heike blinzelte, den Blick zur Decke gerichtet, hustete mehrfach, was ihren Oberkörper leicht schüttelte.

„Du warst in der Firma?", fragte sie, was weit weg klang, so als versuchte sie, sich zu besinnen. „Die im Büro wollten dich wohl sehen, nicht wahr? Ich habe das gar nicht richtig mitbekommen."

„Leider! Ich hatte gehofft, dass es viel schneller geht. Im Büro ging es eigentlich sehr schnell, vielleicht gerade mal eine halbe Stunde brauchte mich der Bereichsleiter. Der Bereichsleiter, hörst du? Aber der Verkehr ist eine Katastrophe, du weißt schon. Auch die vielen Umleitungen, die so toll angezeigt werden in Berlin!"

Beinahe hätte er sich aufgeregt, aber sich dann rechtzeitig erinnert, worum es im Moment wirklich ging. Jede Stunde war doch jetzt für sie beide so wichtig! „Wie geht es dir, Heike?"

„Oh, ich weiß nicht. Ich fühle gar nicht richtig, was gerade passiert", antwortete sie und tatsächlich huschte Unsicherheit über ihr Antlitz, was mehr eine Frage ausdrückte als ein Befinden. „Wahrscheinlich bin ich einfach nur furchtbar müde."

Müde, das war es, was sie ihm vor nicht einmal vier Wochen erklärt hatte, weil sie wiederholt auf dem Sofa beim Fernsehen eingeschlafen war. Selbst, wenn er sie dann geweckt hatte, war sie schon wenige Minuten später wieder in einen leichten Schlaf weggedriftet.

Da hatte er nicht besorgt, sondern eher etwas befremdet nachgefragt, ob es am TV-Programm oder an einer allgemeinen Mattheit läge. Es war ihm nicht entgangen, obwohl sie sich nur an den Abenden zusammensetzen konnten. Er hatte nicht weiter nachgehakt, schon gar nicht nachgebohrt, selbst wenn sie aufgestanden war, um sich ins Schlafzimmer zu verabschieden. Er würde gleich nachkommen, das hatte er meist versprochen.

Vor vier Jahren hatten sie eine ähnliche Situation erlebt, die sie beide nicht ignorieren konnten. Da war Heike oft und unerklärlich müde gewesen, wirkte antriebslos, wie nach innen gekehrt. Die Erklärung erhielten sie durch die Untersuchungen im Krankenhaus. Dann war es nach einer schwierigen Chemo-Behandlung Gott sei Dank wieder aufwärtsgegangen. Das alte Leben kehrte scheinbar zurück. Und zumindest er vergaß oder verdrängte, was Heike dauerhaft überwunden zu haben schien. Das *normale* Leben drängte sich so stark wieder in den Alltag, dass jeder Gedanke an eine überstandene ernste Krankheit von ihm nahezu völlig verdrängt wurde. Ihn erfreuten die schönen und innigen Momente, die ihm halfen, ein Gefühl von Sicherheit wiederzufinden.

Den nahe liegenden Schluss an diesem Abend, als sie allein ins Schlafzimmer geschlichen war, den packte er nicht, dass sich nämlich eine schreckliche Krankheit zurückmeldete. Genau das fiel ihm jetzt ein und trieb die Tränen in seine Augen.

„Das verstehe ich doch. Du hast ja auch gerade noch geschlafen, nicht wahr? Aber das macht nichts. Jetzt sind wir ja beide wach", sagte Markus mit Verzögerung und konnte seiner Stimme nicht vertrauen. „Das im Büro, das war gar nicht wirklich wichtig. Das hat mir dann meine Sekretärin sofort eingestanden. Nur Müller, unser Bereichsleiter, sorgte sich um einen Vorgang auf seinem Tisch, den er plötzlich als höchst dringlich eingestuft hatte. Jedenfalls wollte er nicht auf mein persönliches Erscheinen verzichten. Wirklich wichtig war es ihm wohl dann selbst nicht, denn kaum fünfzehn Minuten hatte er für ein Gespräch mit mir übrig! Diese Minuten und zwei Stunden Fahrzeit! Wer kann das verstehen?"

„Zumindest fünfzehn Minuten ..." Sie lächelte wieder. „Mein Chef ist ... war ja auch so. Das kann man sich manchmal nicht aussuchen."

„Aber wir haben doch unsere Zeit ganz für uns nutzen wollen, da ist es ziemlich rücksichtslos!"

Heike hatte ihre Hand unter der Bettdecke hervorgeschoben und kniff ihn leicht in den Arm.

„Jetzt lass uns nur daran denken, dass wir miteinander reden", sagte sie und ihre Augen suchten die seinen.

Sein Blick war einen Moment nicht so klar und er blinzelte. Es war auf einmal schwer für ihn, schlicht die Worte zu formen, die angemessen waren.

„Du wolltest immer mit mir reden. Das wolltest du doch, oder?", fragte sie und diese Frage traf so unvermittelt auf ihn, dass es für ihn noch schwerer war, durch einen Schleier in den Augen klar sehen zu können.

„Das war Scheiße von mir, das wollte ich bestimmt ... darüber reden mit dir."

„Aber es ging nicht", erwiderte sie und ihr Blick versuchte, seinen zu fixieren. „Es ging nicht, weil du noch nicht zu Ende warst mit deiner Geschichte."

Es war damals eben nicht irgendeine Geschichte, die so harmlos war, um sie sofort beenden zu können. Da war sie gerade auf dem Wege der Genesung nach ihrer ersten Erkrankung gewesen. Ihm hätte das nicht passieren dürfen, schon gar nicht, wenn sie wegen der Krankheitsfolgen noch nicht die Nähe zueinander verspürten, wie in der Zeit davor. Ihre bedrohliche Erkrankung und die längeren Aufenthalte in der Klinik hatten sie ein gutes Stück voneinander entfremdet. Sie hatte auf ihn eher abwehrend gewirkt. Ihr Umgang miteinander, der zuvor locker oder sogar flapsig dahergekommen war, stellte sich nicht nahtlos wieder ein. Es hatte sich anhaltend etwas verändert. Ein Wort, eine Geste, die schien von ihr plötzlich eine für ihn kaum erklärliche Bedeutung bekommen zu haben.

Streitigkeiten gab es nun sogar weniger als noch in den Wochen vor ihrer Erkrankung. Es war eine Zeit, in der sie schließlich mehr den Abstand zu suchen schienen als das Miteinander. Er vor allem empfand Hilflosigkeit gegenüber den eingetretenen Veränderungen, verirrte sich auf der Suche nach einer Erklärung.

Verständnis hatte er mehr aus Frust bei seiner Sekretärin gefunden, die sich in jenen Wochen von einer gescheiterten Beziehung zu erholen versuchte. Nachgedacht hatte er bei dieser Affäre, wie er jetzt meinte, überhaupt nicht. Er glaubte, dass diese bedeutungslos wäre. Geschwiegen und gelogen hatte er und dabei nicht bemerkt, wie nahe seine Frau seinem Geheimnis gekommen war.

„Heike, ich kann mir diese Geschichte, wie du sie jetzt nennst, ja selbst nicht erklären. Du bist zufällig darauf aufmerksam geworden und hast dir nichts anmerken lassen."

Er hockte jetzt hilflos an ihrem Bett. Genau über dieses Versagen hatte er nicht reden wollen.

„Wir hatten doch auch gleich wieder eine so schöne Zeit. Du selbst hast das gesagt und ich fühlte es genauso. Ich wollte das nicht durch eine Beichte belasten, die uns nicht geholfen hätte."

Sie nickte jetzt. „Wahrscheinlich hast du recht. Wir haben uns dann sogar noch enger aneinander angelehnt. Es kamen wieder schöne Tage und ich wollte selbst nicht darüber reden. Ich wollte überhaupt nicht mehr über etwas reden, was uns möglicherweise belastet hätte. Verstehst du das?"

Markus überlegte. Etwas in ihren Worten beunruhigte ihn mehr noch als ihr Zustand.

„Du wolltest nichts Ernstes mehr mit mir bereden? Auch nicht, dass du die Anzeichen für ein Rezidiv gespürt hast, hast du lieber verschwiegen wegen dieser Geschichte?"

„Vertrauen, weißt du? Ich wollte, dass dieser schöne Frieden, diese Harmonie zwischen uns anhält."

„Deshalb hast du auch nicht mit mir darüber gesprochen, was dich belastete, deine erneuten Schmerzen, die Beschwerden ... Du hast einfach nur geschwiegen und gehofft, dass ich es nicht bemerken würde?"

Heike schaute zur Wand gegenüber, sie hatte ihre Hand wieder unter die Decke gezogen.

War ihr auch kalt geworden, wie er es auf einmal empfand? Eine Schwester huschte herein, schnell glitt deren Blick über Heikes Gesicht, dann hinüber zum Monitor. Markus hörte das tickende Geräusch eines der Geräte. Die Schwester warf ihm einen kurzen Blick zu und nickte ernst.

Er hatte auf einmal das große Verlangen, sich zu ihr ins Bett zu legen, auch wenn da für ihn kaum Platz war. Die Nähe suchte er, weil das Reden nicht auszureichen schien. Er rückte seinen

Hocker näher an die Bettkante heran und schmiegte dann seinen Oberkörper und die Beine dicht an ihren Körper. Er fühlte jetzt ihre Schulter, die Hüfte und das eine Bein. Fester drückte er sich an sie, den Po noch auf dem Hocker ruhend. Sie atmete tief ein und aus, nur unterbrochen von einem leichten Hüsteln.

„Genießt du das, Markus?"

„Ja, das ist schön. So wie es immer war."

„Wie es immer war ..." Irgendwie driftete ihr die Stimme etwas weg und auch er schwieg.

Auf seiner Uhr sah er die Zeit, es war kurz vor neunzehn Uhr. Er würde hier bleiben in dieser Position und über sie wachen, selbst wenn das nicht bequem war. Es beruhigte ihn, dass ihr Atmen jetzt gleichmäßig zu hören war. Seinen Arm hatte er nicht unter ihren Kopf schieben können. Er bettete ihn einfach nach oben ausgestreckt neben ihrem Kopf, sodass er mit den Fingern ihre Haare berührte. Das Licht war spärlich, fast schien es, als würde es nur vom Monitor gespendet. Selbst das tickende Geräusch vernahm er kaum noch.

Die Schiebetür öffnete sich erneut, ein Arzt trat ein. Dieser prüfte die Anzeigen auf dem Monitor, drückte den einen oder anderen Knopf und schien zufrieden zu sein.

„Das sieht sehr gut aus! Der Zustand Ihrer Frau hat sich überraschend deutlich verbessert. Ich irre mich nicht, zum Wochenende werden wir Ihre Frau entlassen können."

„Das ist ja unglaublich." Markus hatte sich sofort erhoben. Er stand unsicher neben dem Bett und bebte innerlich vor Anspannung. „Am Wochenende schon?"

Der Arzt nickte nur und verschwand sofort wieder durch die Tür. Markus konnte ihn nicht einmal nach seinem Namen fragen, gesehen hatte er ihn auf Heikes Station noch nie. Jetzt zupfte er an ihrer Bettdecke.

„Heike, hast du das gehört? Hast du das erwartet? Am Samstag hol ich dich wieder nach Hause und alles wird wie früher." Er drückte sie jetzt, soweit es ihm bei ihrer Lage möglich war. Dabei registrierte er nicht, dass sie nicht reagierte. „Es ist egal, wenn du jetzt schläfst, schlaf ruhig weiter, du wirst gesund! Schlafen sollten wir jetzt beide."

Der Hocker musste doch so weggedrückt worden sein von der Bettkante durch seine Bewegungen, dass sein Gesäß fast in der Luft zu hängen schien. Er würde sich in dieser Position nicht mehr halten können. Vorsichtig versuchte er, diese zu verändern, indem er sich etwas aufrichtete und zurück auf den Sitz schob. Irgendein lauter Warnton hatte ihn geweckt. Sein Blick fiel auf ihren Kopf, sie hatte das Gesicht zur Seite gewandt, so konnte er nicht sehen, ob sie schlief. Seine Armbanduhr zeigte im Halbdunkel fast einundzwanzig Uhr.

„Heike!", rief er erst leise. „Mein Gott, ich bin ja doch eingeschlafen, zwei Stunden. Ich wollte doch wach bleiben neben dir!"

Er stellte seine Füße wieder auf den Boden und beugte sich weit vor über ihren Kopf.

„Heike, hey, du bist ja wach."

Sie hatte tatsächlich ihre Augen fast geöffnet. Er griff nach ihrer Hand unter der Decke. Diese fühlte sich nicht mehr warm an. Sofort strich er über ihre Wange und ihre Stirn.

„Heike, Heike, was ist los? Wach auf!"

Eine Krankenschwester eilte in diesem Moment ins Zimmer und deutete mit ihrem Finger auf die Monitore. Aber dort schob sich nur ein langer blauer Strich unablässig weiter. Und immer noch dieser irritierend laute Warnton!

„Heike!", stieß er aus, was zu einem verzweifelten Aufschrei geriet. Er ließ sich auf ihr Bett gleiten, streckte sich jetzt einfach über ihrer Decke aus, seine Schultern bebten. Eine weitere Krankenschwester war hinzugeeilt und versuchte ihn, beiseite zu schieben. Es dauerte eine Weile, bis ihr das gelang.

Er war eingeschlafen, obwohl er doch hatte wach bleiben wollen.

18. Sag' mal!

Yasmine Meier

Sag mal, du da an der Bar,
kann es sein, dass ich gestern bei dir war?
Wir beide nackt oder in Leder und Lack,
du muskelbepackt?
Als sich unsere Leiber aneinanderrieben.
Und wir nicht lang vor dem Fernseher blieben.
Weil unser Film ja viel anziehender war.
Als ich mit dir tanzte und lachte und dich willenlos machte.
Als du auf allen vieren warst,
mich schlabbernd und sabbernd ansahst.
Ich weiß, dass du es warst, der schon von Heirat geredet hat.

(Mädels, der ist weg! Hat geklappt. Nun ist genug Platz! Jetzt geht's ab!)

19. Was heißt schon pünktlich?

Herbert Wolf

Haben Sie einen Vorgesetzten, der sich gern pünktlich in den Feierabend verabschiedet, um zum Beispiel mehr Zeit mit seiner Familie zu verbringen ... der zufrieden auf seine berufliche Karriere blickt und das auch seine Mitarbeiter spüren lässt? Dann erleben Sie vielleicht eine Ausnahme. Mir ging es Gott sei Dank nur selten so, wie dem Protagonisten dieser Kurzgeschichte. *„Herr Wolf, gut, dass Sie noch da sind! Kann ich Sie kurz noch mal sprechen ...?"* Meine Chefs haben mir meist viel Freiraum gewährt, was ich begrüßte, und so habe ich es auch mit meinen Mitarbeitern gehalten, was mir nebenbei gesagt, ebenfalls gut getan hat.

Die Anzeige der Uhrzeit auf einem der beiden Monitore vor ihm auf dem Schreibtisch hatte er ständig im Blick. Heute musste er seinen Arbeitsplatz pünktlich verlassen. Gedanklich eilte er seinem Feierabend voraus, musste aufpassen, dass ihm keine kleinen Fehler, zum Beispiel beim Beantworten von E-Mails, unterliefen. Es war da nicht einmal siebzehn Uhr. An einem Freitag würde Martin Schläger ohnehin ungern länger als unbedingt erforderlich in seinem Büro bleiben. Wenn er einen Termin fest einplante, dann geschah das häufig für einen Freitagabend oder ein Wochenende. So war es auch heute.

Im Moment scrollte er am Bildschirm durch den Posteingangsordner und war zufrieden, dass er alle Mails abgearbeitet hatte. Befriedigt stellte er dann fest, wie viele Nachrichten er heute beantwortet oder selbst verfasst hatte. Sein elektronischer Schreibtisch schien aufgeräumt zu sein für den Feierabend. Er könnte jetzt seinen Rechner herunterfahren und alle Schubladen verschließen. Dann wäre er sicher fertig, um genau um 17:30 Uhr loszumarschieren. Er hatte eine wichtige Verabredung! Es gab genügend Tage in der Woche, an denen er länger, oft sogar sehr viel länger in seinem Büro blieb, nur heute ginge das definitiv nicht.

Sein privates Handy vor ihm vibrierte und ließ einen brummenden Ton hören. *Marlene!* war er sich über die Anruferin sicher.

„Hallo, bist du schon unterwegs?", rief er ins Telefon, ohne zu warten, bis sich die Anruferin gemeldet hatte.

„Bin gleich in der U-Bahn, dann fahre ich noch kurz nach Hause", erklärte seine Freundin. „Wie sieht es bei dir aus?"

„Kein Problem, ich werde auch rechtzeitig loskommen. Ich fahre jetzt den Rechner runter, schließe meinen Schreibtisch ab und puste den Staub der Woche vom Eingangskorb." Er musste lachen. Auch sie lachte.

„Macht das nicht der Reinigungsdienst?", fragte Marlene. „Und dein Chef, Herr Siebert? Hoffentlich lässt sich der nicht noch bei dir blicken ..."

Siebert, der Leiter seiner Abteilung, hatte ihn schon öfter kurz vor dem Feierabend zu sich gerufen und so verhindert, dass er pünktlich aufbrechen konnte. Das war sogar an einem Freitagnachmittag passiert, Arbeitsende hin oder her.

„Nein, ich habe ihn ja in der Kantine getroffen. Da hat er mir tatsächlich ein schönes Wochenende gewünscht", beruhigte Martin seine Freundin. „Ich komme direkt zum Kino, das heißt zum Restaurant. Zu mir nach Hause werde ich es nicht mehr schaffen. Du solltest vielleicht die Kinokarten besorgen, dann können wir entspannter im Restaurant noch vorher etwas essen."

„Dann also bis um halb acht im oder vor dem Restaurant. Ich sehne mich schon nach dir!", sagte sie noch und ihre Stimme ließ ahnen, wie ernst sie das meinte.

Von seinem Schreibtisch aus konnte er durch die Glasscheiben auf den Gang hinausschauen und erblickte jetzt, dass sein Chef heraneilte. Dieser zögerte keinen Moment und zu Martins Unmut und entgegen seiner Hoffnung, trat dieser bei ihm ein.

„Herr Siebert?", rief er dennoch überrascht und besorgt, denn er fürchtete, dass dieser ihn sehr wahrscheinlich aufhalten würde. Und wenn dem etwas wichtig war, dann war das so! Daran würde auch Martin nicht vorbeikommen. Es kam jetzt darauf an, dass er konzentriert und vor allem erschöpfend auf dessen Fragen oder Anliegen reagierte, dann könnte es vielleicht schnell gehen.

„Gut, dass ich Sie noch antreffe. Am Montagmorgen ganz früh muss ich beim Vorstand erscheinen. Das hat eben erst meine Sekretärin erfahren. Bereits um 8:30 Uhr. Für dieses Gespräch brauche ich unbedingt die Budgetplanungen unserer Projekte für das kommende Quartal. Die Daten haben Sie hoffentlich vollständig vorliegen, oder nicht? Wahrscheinlich werden Sie mich in die Sitzung begleiten oder sich zumindest bereithalten müssen, falls ich Sie dann brauche.“

„Die Budgetdaten! Natürlich, die müsste ich vollständig haben“, reagierte Martin einen Tick zu zögerlich. Hatte er diese Daten alle vorliegen?

„Das klingt etwas zögerlich … Kann ich die mir gleich mal ansehen? Ich sollte sie wenigstens mit Ihnen gemeinsam durchgehen“, verkündete sein Chef ungerührt von Martins Feierabend. Er sah nicht so aus, als ob er ihn ziehen lassen wollte.

„Die habe ich nur auf dem Rechner, den habe ich gerade runtergefahren“, erklärte Martin und sah verstohlen auf seine Armbanduhr. Ihm blieb keine Wahl, er betätigte den Startknopf am Rechner. Das Hochfahren dauerte nicht nur für ihn brennend lange.

„Fahren Sie den immer so zeitig herunter?“, monierte Siebert nicht nur ungeduldig. „Es ist ja …“, sein Chef schaute auf seine Armbanduhr, „… na ja, es ist ja noch nicht Feierabend.“

Der hätte Sie ja doch nicht interessiert, dachte Martin schon etwas verzweifelt. Er musste sich jetzt im System anmelden, dann scrollte er durch die Liste seiner Ordner.

„Ich habe die aktuellen Budgetdaten in einer Excel-Datei gespeichert, die ich heute Morgen noch bearbeitet habe“, gab er Siebert etwas wichtigtuerisch zu verstehen. Es dauerte trotzdem, diese Datei zu finden, obwohl er die Spalte mit den Änderungsdaten kontrollierte. „Da ist sie!“, rief er erleichtert.

Siebert saß ihm jetzt fast auf dem Schoß. „Gehen Sie mal in der Tabelle ganz nach unten … mich interessiert, ob alle Projekte vollständig erfasst sind.“

Manno, der hält mich immer mehr auf, grämte sich Martin innerlich. Laut sagte er: „Ach so, bei zwei Projekten fehlen mir noch die Daten. Habe ich aber bereits angemahnt."

„Und wann erhalten Sie diese? Montagmorgen brauche ich die komplette Datei!" Das klang jetzt doch deutlich weniger zufrieden. Martin sah es auch im Gesicht seines Chefs, das ihm durchaus vertraut war. „Wenn die Tabelle nicht vollständig ist, Herr Schläger, dann kann ich die doch nicht so dem Vorstand präsentieren. Das ist nicht gut, das geht so gar nicht!"

Der Super-GAU war eingetreten! Martin erlitt einen gefühlten Schlag in die Magengegend und sah jede Hoffnung auf einen halbwegs pünktlichen Abgang auf null gesunken. Marlene meinte er vor dem Kino auf und ab laufen zu sehen, sicher enttäuscht, dass er sich verspätete.

„Was ist mit Ihnen?", erinnerte ihn Siebert unsanft, warum er hier noch im Büro hing. „Auch die Form! Eine nackte und zudem unvollständige Tabelle akzeptiert doch keiner. Es gibt doch Programme von Microsoft, Powerpoint oder so ähnlich. Können Sie so eine Präsentation nicht schnell noch anfertigen? Das kann doch nicht so lange dauern. Die beiden fehlenden Projektbudgets, die müssten Sie dann Montag früh noch abfragen und ergänzen."

Sieberts Miene zeigte sich kompromisslos. Er hatte sich jetzt direkt so vor der Tür aufgebaut, dass kein Vorbeikommen möglich war.

„Dann fangen Sie doch sofort an, oder wollen Sie nicht in den Feierabend?", sagte sein Chef und setzte noch einen drauf.

Siebert verschwand und Martin wusste, was dieser erwartete, würde bestimmt nicht schnell gehen. „Eine Powerpoint-Präsentation, mal so eben flott herbeizaubern. Mann, Herr Siebert, Sie haben keine Ahnung!"

Die Uhr, er sah sie deutlich am unteren Bildschirmrand. Er überlegte, wie er am zügigsten diese geforderte Präsentation erstellen könnte. Sonst keine große Sache für ihn, aber ausgerechnet heute, wo er sich längst im Feierabend wähnte und wo er mit Marlene verabredet war. Es würde einige Zeit kosten. Er suchte hektisch nach den Vorlagen für solche Präsentationen im Firmennetz. Was folgte, waren Routinearbeiten für ihn ... Kopieren, Editieren, gegebenenfalls Korrigieren. Hier mal eine Spalte etwas farbig unterlegen, dort den Schriftgrad anpassen und so weiter und so fort. Er konnte das schnell erledigen, sofern er keine Fehler machte. Trotzdem, der Blick zur Uhr ließ ihn fast verzweifeln.

Mein Gott, Marlene! Du wartest sicher schon im Restaurant, schoss es ihm durch den Kopf. *Ich muss dich anrufen.*

Doch ausgerechnet jetzt reagierte sie nicht auf seinen Anruf. Nur die Mailbox sprang an. *Wahrscheinlich steht sie in der Schlange vor der Kinokasse und hört mich deshalb nicht.*

Die fertige Datei druckte er vorsichtshalber aus und speicherte sogar eine Sicherungskopie. Am Montag müsste er noch die fehlenden Angaben einholen. Zur Sicherheit schrieb er den beiden Kolleginnen eine dringliche Mail. *Der Vorstand will ...!* Diese sollten sofort am Montagmorgen reagieren, das Ausrufezeichen für *Sehr wichtig* hatte er bei der E-Mail ebenfalls angeklickt.

Den Rechner schaltete er dieses Mal nicht ab, der würde von selbst in den Energiesparmodus wechseln. Er wollte sofort los. Marlene würde er hoffentlich von unterwegs aus erreichen können.

Es war deutlich nach neunzehn Uhr, stellte Martin fest, als er die Treppe ins Erdgeschoss hinunterlief, oder eher rannte. Er war wütend, denn zumindest den gemeinsamen Besuch im Restaurant konnte er knicken. Selbst sein rechtzeitiges Erscheinen vor dem Kino war gefährdet, wenn es bei der U-Bahn Probleme gab. Zur Station und dann später zum Kino würde er laufen müssen, was einige Zeit kosten würde.

Auf der Treppe hinunter wurde er tatsächlich von Kolleg:innen behindert, die möglicherweise wie er von ihren Chefs daran gehindert worden waren, rechtzeitig in den Feierabend zu gehen. Jetzt wunderte ihn das nicht einmal, es ärgerte ihn allenfalls, wenn einer von denen nicht sofort zur Seite wich, sondern die ganze Breite der Treppe für sich beanspruchte.

Im Erdgeschoss hielt er kurz prüfend inne, ob er im Büro nicht etwas vergessen hatte. Und dann sah er Siebert, der in ein

Gespräch mit einem seiner Kollegen vertieft schien. „Jetzt vorsichtig, der soll mich nicht noch einmal aufhalten", murmelte Martin. Er wollte nicht allzu ungestüm an ihm vorbei stürmen, und dadurch dessen Aufmerksamkeit erregen. Ihm nur grüßend zunicken, wenn dieser sich nach ihm umschaute.

„Nicht vergessen, wir sehen uns Montag vor acht Uhr bei mir im Büro!", rief dieser und hatte ihn doch entdeckt. Siebert zeigte sich aber freundlich, als er ihm mit kleiner Geste zuwinkte.

„Ich werde pünktlich sein, Herr Siebert", rief Martin im Vorbeilaufen. Er hatte es geschafft, die Drehtür am Ausgang musste er gar nicht selbst bewegen, die wurde ununterbrochen gedreht.

Dann rannte Martin die Straße hinunter, bis er außer Atem war und sein Tempo verlangsamte. Jetzt wollte er es nochmals versuchen, Marlene mit dem Handy zu erreichen. Er lief aber weiter, denn es blieb ihm inzwischen kaum mehr als eine Viertelstunde bis zum Beginn des Kinofilms. Der Regen, der scheinbar auf ihn gewartet hatte, störte ihn nicht. Die Tropfen im Gesicht und die nasser werdenden Haare nahm er gar nicht wahr.

Sein Handy vibrierte gerade in dem Moment in der Hosentasche, als er es herausziehen wollte. Das konnte nur seine Freundin sein, war er überzeugt.

„Marlene, ich bin unterwegs, aber ich werde mich verspäten. Siebert hat mich noch über eine Stunde aufgehalten, kannst du dir das vorstellen? Es tut mir leid!"

Die Verbindung war schlecht und wegen des Autolärms auf der Durchgangsstraße, verstand er Marlene kaum.

„Hast du denn die Karten für das Kino schon gekauft?", wollte er wissen. „Ja, ich weiß, es wird bei mir spät, aber du gehst halt allein ins Restaurant und ..."

Ihre Stimme geriet auf einmal zu einem schnarrenden Geräusch, es war unmöglich, etwas zu verstehen, und er war unsicher, ob es Marlene ähnlich erging. Die Leitung brach unversehens ab, obwohl das Handydisplay das Gegenteil anzeigte. Ihre letzten Worte schienen auf ein Problem beim Kartenkauf hinzudeuten. Vielleicht bekam sie nicht die Plätze, die sie gern hätten im Kinosaal, möglichst letzte Reihe in der Mitte. Da hatten sie immer zu sitzen versucht, waren sie sich dort doch stets ungestört nahegekommen.

Er entschied, es ein weiteres Mal zu versuchen, vielleicht war es ja wichtig, was er nicht verstanden hatte. Er presste fast sein Handy an sein Ohr, nur um dieses Mal besser verstehen zu können.

„Was sagst du? Du musst lauten reden ...", schrie er beinahe ins Telefon, aber konnte sie wieder kaum verstehen. Als er sein Telefon an sein anderes Ohr halten wollte, glitt es ihm aus der Hand, rutschte an Jacke und Hose bis zum Boden, wo es aber leider so unglücklich auf die Bordsteinkante prallte, dass es in die Straßenrinne fiel.

„Scheiße!" Sein Handy platschte mitten hinein in das beachtliche Rinnsal, das neben dem Bürgersteig entlang floss. Erst bewegte es sich verhalten, aber dann Fahrt gewinnend, immer bedrohlicher von ihm fort und folgte der Regenrinne. Viel zu schnell riss das Wasser das Gerät von ihm weg.

„Manno, halt!", stieß er nahezu verzweifelt aus, denn so beweglich war er doch nicht, um sich rasch zu bücken. Da war das Handy schon ein gutes Stück den Bordstein entlang weitergeschwommen. Entsetzt erblickte er wenige Meter weiter den Gully, worin das Wasser verschwand. Zwei, drei große Schritte in dessen Richtung, und er hätte das Telefon gerade noch rechtzeitig packen können. Hätte! Denn er fiel auf sein Knie und rutschte dabei vom Bordstein ab. Schmerzhaft spürte er die steinerne Kante an seinem Knie und das kalte Wasser. Nur nebenbei erinnerte er sich an seine helle Hose, die er zusammen mit einer dunkelblauen Jacke ausgerechnet heute trug. Ausgesucht von ihm, um Marlene zu beeindrucken.

Auch das noch, vielleicht sogar ein Riss im Stoff, schoss es ihm durch den Kopf, um dann festzustellen, dass ein schmales Handy durchaus in einem Gully verschwinden kann.

„Okay, okay! Das war's hoffentlich mit meinem Pech! Die Hose ist sicher im Arsch und mein Handy kann ich abschreiben!" Er richtete sich auf und hätte jetzt am liebsten seinen ganzen Frust herausgebrüllt. Jedenfalls blickte er so wütend mit offenem Mund in die Richtung der U-Bahnstation, dass entgegenkommende Fußgänger sich verständnislos nach ihm umdrehten.

„Es ist viel zu spät!" An seinem Hosenbein sah er in Kniehöhe nicht nur die Verschmutzung vom Bordstein, der Rand eines länglichen Risses begann sich bereits etwas rötlich zu färben und der Schmerz meldete sich jetzt nachdrücklich. Er war stehengeblieben, zögerte, wie er sich entscheiden sollte. Ein großer dunkler SUV schob sich gerade neben ihm auf der Straße vorbei. Das Seitenfenster öffnete sich in diesem Moment.

„Also dann, am Montag früh vor acht Uhr und nicht die Präsentation vergessen!" Siebert winkte ihm aus dem Auto zu und schaute ihn dabei mahnend an. Martin unterdrückte eine derbe Verwünschung, immerhin gab er seinem Chef eine Mitschuld daran, dass er hier so ratlos herumstand.

„Was soll's? Das Kino erreiche ich bestenfalls zum Beginn des Hauptfilms. Aber der läuft fast zwei Stunden!", stellte er leise mit sich redend fest. Essen im Restaurant müssten sie anschließend. Martin versuchte, seinen Ärger wegzudrücken. Trotz seiner Verspätung und seines Pechs hoffte er darauf, einen schönen und entspannten Abend mit seiner Freundin verbringen zu können. „Im Kinosaal treffe ich sie und kann dann alles erklären."

Der Gedanke an sein Treffen besserte seine Stimmung. Fast schon etwas versöhnt mit der misslichen Lage, die er eben erst erlebt hatte, lief er zur U-Bahnstation. Nur sein schmerzendes Knie und die aufgerissene Hose erinnerten ihn an sein Missgeschick. Er blieb nochmals stehen und versuchte, mit seinem Taschentuch die Verschmutzung und das Blut etwas abzuwischen. Gegen den Riss konnte er nichts tun. Es würde gleich dunkel werden und kaum jemand sähe dann sein Malheur.

Von der U-Bahn-Station bis zum Kino musste er vielleicht fünfhundert Meter laufen. Diese versuchte er mit großen Schritten so rasch zurückzulegen, dass er etwas außer Atem am Kinoeingang eintraf. Er war sich sicher, dass Marlene eine Karte für ihn an der Kasse hinterlegt hatte. Eine Menschenansammlung vor dem Eingang erwartete er nicht.

Verblüfft bemerkte er die vielen Leute, die sich auf dem Bürgersteig und vor der Kinokasse drängten. Diese schienen aber weder beunruhigt oder gar ärgerlich zu sein, sondern sie unterhielten sich, es wurde gelacht und Witze gemacht.

Seine Uhr zeigte vierzig Minuten nach acht, längst müssten alle Kinobesucher auf ihren Plätzen sein. Was war hier los? Jetzt erst gewahrte er die zwei Polizeifahrzeuge, eines mit eingeschaltetem Blaulicht am Straßenrand und sah auch einen Beamten, der sich am Kinoeingang postiert hatte und sich entspannt mit Passanten unterhielt. Martin hatte keinen Schimmer, was da vor sich ging, die ganze Szene beunruhigte ihn. Er versuchte Marlene zu finden, die aber in der Menge nicht auszumachen war. Er wandte sich an ein Paar, das neben ihm stand.

„Was ist denn hier los?"

„Bombenalarm! Aber Gott sei Dank einer von der ungefährlichen Art", gab der Mann feixend zurück.

„Wie ein Bombenalarm? Eine Bombe im Kino?" Martin war verwirrt. Die auffällige Heiterkeit des Paares konnte er nicht verstehen.

„Stinkbombenalarm nennt man das gewöhnlich", erklärte jetzt die Frau, die nun doch etwas strenger blickte. „In der Vorstellung um achtzehn Uhr gab es einen Jugendfilm, extra eingeschoben für die Schüler vom Schullandheim drüben am Park, keine zehn Minuten von hier ..."

„Und die haben sich wohl verabredet, um die Besucher für unsere Vorstellung kräftig zu ärgern", fuhr ihr Partner fort. „Die haben gleich an mehreren Stellen offensichtlich stinkende Flüssigkeiten versprüht. Angeblich braucht die extra angeforderte Reinigungsfirma jetzt noch bis kurz nach Neun. Dann lassen sie erst die Leute wieder rein. Soll dann aber gleich mit dem Hauptfilm beginnen."

Martin schüttelte erleichtert und grinsend den Kopf. „Na so was ist selbst uns nicht eingefallen und wir waren ja auch nicht ohne! Danke für die Info. Ich suche meine Freundin, die muss hier irgendwo sein."

Das Paar stieß sich an. „Kann es sein, dass Ihre Freundin richtig heftig mit Ihnen per Handy hatte reden wollen? Die hat richtig laut ins Telefon gebrüllt: *Martin, Martin …!*"

„Ja, das bin ich!"

„Tja, die konnte Ihnen wohl nicht erklären, dass sie wegen des ekligen Geruchs nicht ins Kino gehen würde. Sie hat uns gesagt, dass sie jetzt erst mal im Restaurant abwarten würde, bis ihr Freund käme."

„Da gehe ich jetzt auch hin! Vielen Dank für die Auskunft."

Das Restaurant lag keine zehn Meter daneben, war aber wegen des Stinkbombenanschlags proper gefüllt. Martin hatte Mühe, sich einen Weg hineinzubahnen.

„Martin, hierher!", rief Marlene und winkte heftig.

„Finden wir uns doch noch", sagte er erleichtert und drückte seine Freundin eng an sich.

„Du, Martin, ich will da nicht mehr rein in den Kinosaal, wer weiß, wie das dort immer noch riecht, und hier im Restaurant kommt auch keine wirklich gemütliche Stimmung auf bei dem Andrang."

„Also, was machen wir jetzt? Zu dir oder zu mir?", fragte Martin und wusste schon, was sie bevorzugte. Nicht zuletzt deswegen hatte er sich in seinem Wohn-/Schlafraum fast ein Kino eingerichtet.

20. Streber

Yasmine Meier

Dralle Reben streben ins pralle
Leben. Zweigen eigen. Neigen
dazu, sich zu zeigen. In aller
Pracht. Nicht mit Bedacht. Als
wäre über Nacht vom großen
Leben was an kleinen Reben
erwacht. Die im Streben nach
Leben die Arme öffnen mit leichter
Hand. Im Sonnenstand. In reicher
Fülle unter ihrer Hülle verführen
zum Berühren. Zum Naschen.
Sobald unsere Blicke erhaschen,
was da in feinster Pracht gedeiht.
Und das Leben lehrt so weit: wenn
Chancen reifen, muss man sie
ergreifen!

21. Eine altersgemäße Frage

Herbert Wolf

Es ist das Altern, was unser Aussehen und unsere Physis *ruiniert*. Auf einer sanften Rutschbahn gleitet jeder von uns, praktisch von Geburt an seinem Ende auf der letzten Ruhestätte entgegen. Dieses Gleiten zu verzögern, gelingt manchen mehr anderen weniger, durch eine veränderte Lebensweise oder gelegentlich schlicht durch Tricks. *Nachhaltig* ist das natürlich auch nicht, obwohl es helfen kann. Sinnvoll erscheint mir, seinen Fokus früh auf die Lebensqualität auszurichten. Denn die stets zu priorisieren, verspricht auch beim Alterungsprozess das Wesentliche im Blick zu behalten. Das könnte vielleicht auch Reinhardt helfen, dem Protagonisten in dieser Geschichte, seinen *Alterungsschmerz* entspannter zu ertragen.

Dieser fühlte sich ausgeschlafen und entspannt, prüfte mit der Hand, ob er glatt rasiert war, und schnitt ein paar Grimassen vor dem Badezimmerspiegel.

„Reinhardt, siehst gar nicht so unschlecht aus", sagte er leise zu sich, wobei er eine eigene Wortschöpfung nutzte. „Älter werde ich, klar. Aber so geht es noch …"

Er wurde durch ein kurzes Klopfen und dann das energische Eintreten seiner Frau Inga unterbrochen.

„Brauchst du noch lange? Ich müsste auch mal die Toilette benutzen, du verstehst?"

„Jaaa, gleich! Bin schon fertig", antwortete er und hätte sie gern gefragt, ob sie seinen Eindruck teilte, dass sie beide noch recht jung für ihr Alter aussehen würden.

Aber dazu ließ sie ihm gar keine Zeit, denn energisch schob sie ihn erst vom Spiegel weg, und dann auch aus dem Badezimmer.

„Muss das sein?", maulte er irritiert. „Es ist Sonntag und nichts treibt uns zur Eile an."

„Doch, mein rein menschliches Bedürfnis, wenn du verstehst, dass ich dabei ungestört sein möchte." Und so schloss sie gleich die Tür von innen zu. Er hörte das feine Klicken der Verriegelung.

Kopfschüttelnd lief er in die Küche und füllte die Kaffeemaschine mit Wasser und Kaffeepulver. Inga hatte bereits vorgesorgt. Das Tablett mit ihrem Frühstücksgeschirr stand griffbereit zum Transport ins Esszimmer.

Bei ihm hatte die kleine Szene im Badezimmer die Stimmung etwas heruntergezogen. So uneingeschränkt wollte er nicht hinnehmen, dass Inga ihn praktisch vor die Badezimmertür gesetzt hatte. Warum war sie so ungeduldig gewesen? Sie war ja kein kleines Mädchen, und ein Gäste-WC gab es im Erdgeschoss.

Er saß schon am Esstisch, als sie frisch und angenehm riechend neben ihm erschien. Es freute ihn zwar, sie so zu sehen, aber das hinderte ihn nicht daran, nochmals wegen ihrer Szene im Badezimmer nachzuhaken.

„Was war das vorhin?", wollte er wissen. Sie saß ihm gegenüber und zeigte eine Unschuldsmiene.

„Was meinst du, Reinhardt?" Sie verstand ihn wirklich nicht, hatte ihren Auftritt von vorhin als unbedeutend beiseitegeschoben.

„Du wirfst mich einfach raus und dann schließt du dich gleich im Badezimmer ein ..."

„Möchtest du mich auf der Kloschüssel sitzen sehen? Das wollte ich dir ersparen", entgegnete sie bestimmt und stieß ihn dabei leicht mit ihrem Fuß an. Sie grinste erst, dann lachte sie sogar kopfschüttelnd. „Nicht bei allem musst du danebenstehen, oder?"

Er brauchte einen Moment, unschlüssig, ob er diese Erklärung hinunterschlucken sollte. In so vielen Ehejahren, sinnierte er, hatten sie sicher miteinander schon intimere Momente durchlebt. Vielleicht könnte er aber die Frage stellen, die ihm vorhin eingefallen war. Er versuchte es mit einem Lächeln um seinen Mund, das Kinn leicht angehoben.

„Ich wollte dich vorhin etwas fragen, passte gerade vor dem Spiegel. Beim Rasieren habe ich mein Gesicht genauer angesehen", sagte er. „Ich finde, dass wir eigentlich noch ziemlich jung aussehen, oder?"

„Eitel warst du ja noch nie, hihi ...", sagte sie amüsiert. „Na ja jung? Wir sind beide fast siebzig. Ich würde eher sagen, dass wir uns ganz gut gehalten haben. Abgesehen von etwas Bauchansatz."

Diese von ihr durchaus gezielte Spitze hatte er nicht hören wollen und er verzog genervt sein Gesicht.

„Weißt du, das ist so richtig das, was ich hören wollte!" Jetzt war der Ärger bei ihm doch wieder da. Ja gut, das mit dem Bauchansatz, war ihm selbst bewusst. Er arbeitete daran, Gewicht zu verlieren, nur konnte er oft nicht verzichten.

„Kann es sein, dass einer von uns heute mit dem falschen Fuß aufgestanden ist?", fragte er und änderte jetzt seinen Ton.

„Ach Reinhardt, das war etwas blöd von mir. Du siehst gut aus, das Beste, was ich mir wünschen kann."

Dieses Kompliment kannte er und es milderte seinen Ärger daher kaum. Er schob sein Besteck auf seinen Teller, packte alles und erhob sich.

„Weißt du, ich nutze jetzt mal dieses sonnige Wetter und laufe in Richtung See. Ich wollte den Brief ohnehin heute noch einwerfen und nehme ihn gleich mit."

Er stellte sein Geschirr in die Spüle, packte seinen dickeren Pulli und lief einfach los.

„Wann kommst du zurück?", hatte Inga ihm hinterhergerufen, was er aber nicht beantwortete. Das wusste er selbst nicht.

Das Wetter war für diese Jahreszeit schlicht topp, nicht wie im Sommer. Aber es war so warm und sonnig, wie es die meisten Leute für die letzten Septembertage nicht erwartet hatten. Es hatte schon länger nicht geregnet und niemand hatte morgens auf die Sonne warten müssen.

Die Nachbarn empfanden das augenscheinlich ähnlich, saßen sie doch häufig auf ihren Terrassen oder unterhielten sich draußen vor den Eingängen. Nicht wenige nutzten diese Zeit zum Joggen, gingen spazieren und fuhren mit den Rädern umher. Viel Leben spielte sich an diesem Sonntag im Freien ab. Reinhardts Ärger verflog, je länger er unterwegs war. Nach rechts und links grüßend lief er den Weg entlang zum See. Man kannte sich hier seit Jahren mindestens vom Sehen her.

Vor einem der Grundstücke hatten Kinder mit einem Brett und zwei Holzböcken einen schlichten Verkaufsstand aufgestellt. Vielleicht waren sie schon Schüler der ersten Klasse der Grundschule oder besuchten noch die Kita. Sie hofften darauf, ein paar von ihren Spielsachen und Heften verkaufen zu können. Eifrig versuchten sie, die Aufmerksamkeit der Spaziergänger zu erlangen, indem sie diese laut dazu aufforderten, sich ihre Angebote wenigstens mal anzusehen. Die meisten Leute enttäuschten sie. Sie lächelten zwar freundlich, aber liefen, ohne etwas zu kaufen, weiter.

„Hallo, du, willst du uns nicht etwas abkaufen?", rief einer der Jungs ihm über die Straße zu.

„Nein, danke, ich will nur so spazieren gehen, ohne etwas in den Händen zu haben", antwortete er und wollte sich nicht aufhalten lassen.

„Aber du hältst doch einen Brief in der Hand", meldete sich ein anderes Kind, das ihn anscheinend aufmerksam nachgesehen hatte.

„Ach der Brief, den werfe ich gleich in den Briefkasten ein. Dann stört er mich nicht mehr."

„Wie viele Enkel hast du?", rief ihm der Junge von vorhin hinterher.

„Enkel, wie kommt er jetzt darauf?", fragte er sich leise. „Was Kinder alles wissen wollen!" Zumindest sah er keine Notwendigkeit, warum er diese Frage beantworten sollte.

Am See hatte zu seiner Genugtuung immer noch die kleine Strandbar geöffnet, das Wetter passte ideal. Dort hatte der Wirt aus Holzpaletten Tische und Bänke zu Sitzgruppen zusammengefügt. Tierfelle von Schafen auf den Bänken sorgten für ein rustikales und einladendes Aussehen. Es gab noch eine Bank, die nicht von Gästen besetzt war. Dort setzte er sich und bestellte eine Latte macchiato. Entspannt sah er sich nach den Besuchern um. Offensichtlich waren die nicht aus seiner Umgebung, vielleicht sogar aus dem nahen Berlin angereist, denn er erblickte niemand Bekanntes. Lust, sich auf ein Gespräch einzulassen, verspürte er aber nicht. Ihm genügte es, seinen Gedanken nachzuhängen. An einer dieser Sitzgruppen saßen dicht neben seinem Platz jüngere Paare, die sich intensiv unterhielten. Deren kleine Kinder tobten oft laut rufend um die Tische herum und schienen zumindest ihre Eltern nicht zu stören.

Ein Mädchen mit blonden Haaren und hellgrauen Augen blieb unvermittelt ihm gegenüber am Tisch stehen und musterte ihn aufmerksam. Reinhardt schätzte es auf fünf Jahre. Was kommt jetzt, fragte er sich.

„Was schaust du so?", sprach sie ihn neugierig und ohne Scheu an.

„Wie, was schaust du so? Du schaust mich doch auch an."

Reinhardt versuchte ihr so freundlich, wie er es fühlte und mit zuckersüßem Lächeln zu antworten. Was sie hatte wissen wollen, war ihm unklar.

Das Kind überlegte einen Moment. „Wieso siehst du so alt aus?"

„Tja ..." Was hätte er jetzt einem solchen Mädchen antworten sollen, das so offen und ohne Scheu nach seinem Alter gefragt hatte.

Er nahm sein Glas Latte macchiato und hatte vor, es schneller zu leeren als geplant. Es war zwar noch zu heiß, aber irgendwie hatte er den Eindruck, dass es jetzt reichte. Trotzdem wollte er dem Kind antworten, das ihn immer noch ansah und offenbar auf eine Antwort wartete.

„Weißt du", gelang ihm das mit etwas belegter Stimme, „das Alter kommt für uns alle, ohne dass wir es ändern können. Du möchtest sicher noch viel älter werden, und ich denke, dass ich gut noch etwas jünger sein könnte. Zumindest jünger aussehen könnte."

Er hatte sofort das Gefühl, über die Auffassung des Mädchens hinweg geredet zu haben. Es war vielleicht Mist, wie er sich geäußert hatte. Lachen musste er jetzt sogar, aber nicht über sie. Sie hatte ihn sehr wahrscheinlich nicht verstanden, was aber keine Rolle spielte.

„Ach so!", rief sie nur und lief dann zu den anderen Kindern.

Zu Hause fragte ihn Inga, die seinem heiteren Gesicht ansah, dass er etwas Lustiges erlebt haben musste, was mit ihm los sei.

„Kindesmund tut Wahrheit kund! Sagt man das so?", entgegnete er. Dann erzählte er, was ihn ein Kind gerade alles gefragt hatte.

„Jedenfalls sind sie dir freundlich gesonnen, und darüber solltest du dich freuen!"

22. Saunafreunde

Yasmine Meier

Siehst du auf Saunapritschen in
ihren Saunaklitschen im Liegen
oder Sitzen schwitzen.
Während sie beim Schwitzen sich noch
einen zwitschern und gemütlich
zusammensitzen.
Zwischen all den Saunasitzern gerät so
mancher auf seiner
Saunapritsche nicht nur beim
was Zwitschern wegen des
Schwitzens ins Schwitzen.
Wenn da Saunafreundinnen nach
seinem Gusto sitzen, fängt
mancher wegen ihrer äußeren
Pracht erst recht an zu schwitzen.
Und irgendwann haben sie alle
beim Sitzen und schwitzen auf
ihren Saunasitzen einen sitzen.

23. Wo der Frosch die Locken hat

Herbert Wolf

In *Wiktionary* heißt es über den Spruch: *Zu wissen, wo der Frosch seine Locken hat*: Die jeweilige Überlegenheit, Stärke, eigenes Selbstbewusstsein unter Beweis stellen.

Wenn es einer Person überraschend gelingt,
bei harten Verhandlungen, beim Spekulieren,
einen Deal so zu landen, der Gewinn bringt,
dann wünsche ich mir, auch so clever zu agieren.

Denn als Handelsvertreter ersehnte ich nichts sehnlicher,
als bei Geschäften mit Kunden, Wünsche vorauszuahnen,
hierbei ist das Wissen eine wertvolle Bank, ganz sicher,
so erst verlaufen Verhandlungen in gewünschten Bahnen.

Gelingt das dieser Person vielleicht sogar bei mir,
weiß sie doch, wo ein Frosch solche Locken hat?
Da bin ich mir nicht sicher, aber entscheide hier:
Vorsicht ist geboten, sie dreht stets ein großes Rad.

Wüsste ich sicher, ein Frosch hat solche Locken,
würde ich wahrscheinlich nicht zu Hause hocken,
sondern versuchte, dieses Tier selbst einzufangen,
um natürlich an diese Wunderlocken zu gelangen.

Doch wie sollten die sich dabei vorteilhaft erweisen,
wo ich sie bräuchte, bei Besuchen meiner Kunden,
würde sich dann die Waage zu meinen Gunsten neigen,
oder zeigte sich die Wahrheit, die sind nur erfunden?

Doch später zu Hause ganz allein, sehe ich es klar,
der Kunde ließ sich weder bequatschen noch beirren.
Ein Frosch besitzt bestimmt keine Locken und kein Haar,
auch mich werden solche Sprüche nicht mehr verwirren.

24. Aus den Wolken gefallen

Yasmine Meier

Die Sonne lugt aus ihrem Himmelsfenster hervor,
um sich uns im besten Licht zu präsentieren,
und sich in unseren Blicken zu verlieren.
Ich huldige ihr freudig vom Balkon aus,
wirft sie ihre Verführungskünste wie eine Angel aus.
Und kaum, als ich ihre Spielerei genießen mag,
taucht mit Hohn der Regen auf an einem Sonnentag.

Und jemand schüttet seine Wolkendecke aus.
Mit dem Sonntag-Sonnentag ist es gleich wieder aus.
Wo es eben hell war, strebt ein Wolkenbruch nach vorn.
Und im Licht wird schierer Unmut gebor'n.
Doch wenn man dann genauer hinschaut,
sieht man eine Spur von Himmelblau.

(Für Monika. Danke für alles!)

25. Zugriff sofort!

Herbert Wolf

Kommissar Lothar Klein und Polizeiobermeisterin Rita Bauer von der Berliner Kriminalpolizei froren in ihrem Dienstwagen, obwohl sie mit gefütterten Jacken, Schals und Handschuhen bekleidet waren. Das Auto verhinderte nicht, dass sich die Kälte draußen von minus fünf Grad innen bemerkbar machte. Klar, dass sie sich ein wärmeres Plätzchen gewünscht hätten. Den Motor konnten sie aus nahe liegenden Gründen nicht laufen lassen, um ihre Beobachtung nicht zu gefährden. Eine Standheizung gab es natürlich auch nicht. Seit dem späten Nachmittag harrten sie am Westhafen in Berlin aus, fest entschlossen, in dieser Nacht eine bekannte Hehlerbande von Kunstwerken in flagranti zu überführen. Die widrigen Umstände sollten sie jedenfalls nicht daran hindern, dieser Bande aufzulauern. So knapp vor Jahresende wäre das ein großer Erfolg ihrer Ermittlungsarbeit. Über Wochen hinweg hatten sie die Aktivitäten dieser Kriminellen nur beobachtet, jetzt war es Zeit, endlich zuzuschlagen.

Ihr Fahrzeug hatten sie so geparkt, dass sie trotz der Dunkelheit und des leichten Schneefalls, das niederländische Binnenschiff *Eenheid*, vertäut an der Kaimauer, gut im Blick hatten. Das Schiff war spät am Nachmittag eingetroffen und hatte im Hafen festgemacht. Die Fracht würde erst am folgenden Tag entladen werden, vermuteten die Polizisten. Für die interessierten sie sich nicht. Ihr Interesse galt einer anderen, weitaus kostbareren Ladung, die sie sorgfältig verpackt im Führerhaus des Schiffes wähnten. Darunter sollte sich auch ein Gemälde aus einem Einbruch im Amsterdamer Van Gogh-Museum befinden.

Ein Hinweis der Kollegen von dort hatte die Kriminalisten alarmiert. Die Schiffsbesatzung dieses Binnenschiffs hatte das Gemälde und anderes Diebesgut nach Berlin transportiert, um es hier den Hehlern zu übergeben. Die Besatzung war Teil der

Bande oder hatte enge Kontakte zu denen, auf die die Beamten bereits sehnsüchtig warteten.

„Wird Zeit, dass die Typen endlich erscheinen. Wir warten ja bereits zwei Stunden und mir ist entsetzlich kalt", beklagte sich Frau Bauer.

„Mir geht es genauso, Rita. Ich kann nur hoffen, dass wir hier keiner Fehlinformation aufsitzen. Den Motor sollten wir trotz der Kälte nicht laufen lassen, das würde uns sehr wahrscheinlich verraten."

„Wir beobachten aber wirklich das richtige Schiff?", hakte Rita nach.

„Denke schon. Der Schiffsname stimmt, am Heck hängt eine niederländische Flagge, Datum und Ort sind sicher richtig", entgegnete Klein.

„In der Kajüte brennt ja immer noch Licht. Die Besatzung wartet offensichtlich ebenfalls auf ihre Verbindungsleute."

Im Hafen und nahe dem Liegepunkt des Schiffs war alles ruhig. Gleich nach dem Anlegen waren die Hafenarbeiter verschwunden und die Besatzung hatte sich ins Innere der Kajüte verzogen. Jeder Betrieb schien eingestellt zu sein, nur von der nahen Stadtautobahn war Autolärm zu hören.

„Eine Geduldsprobe, Rita. Ich mag diese Warterei auch nicht!", sagte Klein.

„Ich müsste da mal wohin", meldete sich seine Kollegin zaghaft und suchte prüfend in der Umgebung nach einem abgeschirmten Platz. Trotz Dunkelheit und scheinbarer Ruhe auf dem Hafengelände wäre es ihr peinlich, sich irgendwo hinzuhocken.

„Tja, ich wüsste ja, wie das geht, aber bei dir ..." Klein lachte unterdrückt.

„Mir wird schon was einfallen. Du musst mir nicht hinterhergucken, ich suche mir einen Platz hinter der Baracke", erklärte sie und stieg aus. Fast unhörbar schloss sie die Fahrertür.

„Das Autolicht könnte ich ja ausrichten ...", flapste er ihr hinterher, was sie aber nicht mehr hörte. Sie schaute sich um, doch selbst hinter der Baracke gab es Ecken, die durch die Hafenscheinwerfer erfasst wurden.

Klein schüttelte den Kopf, er überlegte, ob er nicht auch pinkeln müsste. Beide hatten sie eine volle Thermoskanne mit Kaffee geleert, das spürte er jetzt.

Sie beeilte sich anscheinend nicht und er hatte etwas verträumt zum Schiff hinübergeschaut, als ihn ein harter Schlag gegen die Beifahrertür regelrecht erschrocken hochfahren ließ.

„Was tun Sie hier? Wer sind Sie?", rief ein bulliger Mann mit unverkennbar holländischem Akzent. Dabei drohte er mit einem Holzknüppel oder einer Metallstange auf die Frontscheibe einzuschlagen. Noch ehe Klein seine Schrecksekunde überwunden hatte, hörte er Ritas scharfes Kommando.

„Lassen Sie das sofort fallen! Hier ist die Polizei, ganz langsam die Hände über den Kopf!"

Klein konnte es vom Beifahrersitz aus nicht genau erkennen, aber er vermutete, dass seine Kollegin ihre Waffe gezogen hatte. Jedenfalls hörte er gleich darauf, wie der Mann die Stange zur Seite warf und sich langsam in Ritas Richtung umdrehte. Die Hände hatte er tatsächlich hoch genommen.

„Polizei? Was wollen Sie denn von mir?", beschwerte sich der Mann verständnislos.

Wieder ertönte ein Kommando von Rita, er sollte jetzt seine Hände auf das Wagendach legen. Klein war es endlich möglich, auszusteigen, um selbst einzugreifen.

„Wer sind Sie?"

„Ich bin der Kapitän des Schiffes, das Sie offensichtlich beobachten."

„Dann können Sie sich sicher auch ausweisen", erklärte Klein.

„Ausweisen kann ich mich nur auf dem Schiff."

„Dann gehen wir jetzt alle zu Ihrer Kajüte und Sie laufen voraus!", befahl Klein. Zu Rita bemerkte er, als sie schon hinter dem Kapitän herliefen, dass sie ihre Aktion hierdurch möglicherweise gerade gefährdeten.

„Hat keinen Zweck mehr, unsere Beobachtung aus dem Auto heraus fortzusetzen. Meines Erachtens sind wir aufgeflogen und die anderen Leute im Schiff könnten die Bande gewarnt haben.

Ich sehe nur eine Chance, dass wir in der Kajüte warten, ob sich die Verbindungsleute noch sehen lassen."

„Meinen Sie, dass wir in der Kajüte nach diesem Gemälde oder anderem Diebesgut suchen sollten? Das wäre ja dann immerhin auch ein Erfolg", bemerkte Rita.

„Die haben das sicher gut versteckt und werden die Verstecke kaum freiwillig verraten."

Klein hatte spontan entschieden, sah aber keine andere Chance mehr, als auf die Verbindungsleute in der Kajüte zu warten. Die Übergabe der gestohlenen Sachen verhinderten sie ohnehin schon durch ihre Präsenz. Ihm bereitete es eher Sorgen, dass sie nur zu zweit waren. Ob sie schnell Unterstützung erhielten, bezweifelte er.

„Jedenfalls sitzen wir wahrscheinlich gleich im Warmen. Die Kajüte ist hoffentlich gut geheizt", zeigte sich Rita etwas zuversichtlich.

Kajüte beschrieb nicht richtig, wo sie jetzt eintraten. Sie ähnelte viel mehr einem geräumigen Wohnwagen mit zwei Räumen. Der hintere diente augenscheinlich als Schlafraum, der vordere als Aufenthaltsraum, ausgestattet mit einer kleinen Pantryküche. Von ihm aus gelangte man über eine Stiege in den höher gelegenen Führerstand. An den Seitenwänden und beim Durchgang zum Schlafraum waren Hänge- und Standschränke fest installiert. Der Aufenthaltsraum war wohlig geheizt, aber es roch merklich nach abgestandener Luft und Tabakqualm. Die Beamten mussten sich erst einen Moment an den miefigen Geruch gewöhnen. Immerhin war der Raum so geräumig, um sechs Personen an einem länglich schmalen Tisch Platz zu bieten. Da saßen eine stämmige Frau und ein junger Mann. Beide gehörten offenbar zur Schiffsbesatzung. Die Frau war sicherlich die Ehefrau des Kapitäns, die andere Person vielleicht ihr Sohn, vermutete Klein.

Er hielt jetzt seinen Dienstausweis in die Höhe, sodass ihn die Besatzung bequem lesen konnte. Rita folgte seinem Beispiel.

„Und jetzt weisen Sie sich aus! Die Schiffspapiere würden wir ebenfalls gern sehen!"

Der bullige Kapitän, der möglicherweise auch der Eigner des Schiffes war, kramte einen Reisepass hervor, dann zog er aus einem der Hängeschränke einen durchsichtigen Plastikordner heraus, die Schiffs- und Frachtpapiere. Die beiden anderen Personen brauchten etwas, bis sie ihre Ausweispapiere vorlegen konnten. Mit einer Kontrolle hatte wohl keiner von ihnen gerechnet, die Beamten hatten die Besatzung überrascht. Das bewies auch die nächste Frage des Schiffsführers: „Können Sie nicht endlich sagen, warum Sie uns kontrollieren?" Der Mann wehrte sich gegen die Art, wie Klein jetzt die Schiffspapiere kontrollierte.

„Sie haben sicher jemand ganz anderen heute erwartet, oder?", überging Klein diese Frage. „Jedenfalls wissen wir durch unsere holländischen Kollegen, dass Sie sehr wahrscheinlich noch Besucher erwarten. Sehe ich das richtig?"

„Besucher? Wer soll das sein?", mischte sich jetzt die Frau ein. „Wir erwarten hier gar nichts. Wir wären in unsere Kojen gekrochen, um zu schlafen. War eine beschwerliche Fahrt hierher."

Der Kapitän sah das genauso und schüttelte den Kopf. „Was sollen das für Besucher sein? Das ist ja hier kein Kreuzfahrtdampfer! Sie sind entweder falsch informiert worden oder verwechseln unser Schiff mit einem anderen."

„Ein weiteres Schiff aus den Niederlanden gibt es hier im Hafen nicht. Van Gogh, der Name sagt Ihnen doch etwas, oder? Und ein geraubtes Gemälde sicher auch. Was meinen Sie, wenn unsere Leute das Schiff auf den Kopf stellen, was wir dann finden?"

Die drei von der Besatzung sahen sich kopfschüttelnd an. Dann fingen sie sogar zu lachen an, zuerst verhalten und schließlich regelrecht aufreizend laut.

„Kommissar, nur zu! Machen Sie das! Wird uns allen ein Vergnügen sein. Hier ist alles voll mit Gemälden von van Gogh!", rief der Kapitän und schlug mit seiner flachen Hand gegen die Hängeschränke.

„Die fühlen sich ziemlich sicher oder haben tatsächlich nichts zu verbergen", flüsterte Rita ihrem Chef zu. „Das bringt wohl nichts. Sollten wir nicht besser auf unsere Leute warten?"

Die dicke Frau fasste sich am schnellsten und meldete sich sachlich zu Wort.

„Jetzt setzen Sie sich doch mal! Hier an unseren Tisch", lud sie die Beamten ein. „Ich habe gerade Tee aufgebrüht. Der ist wirklich gut. Vielleicht können wir Sie ja so überzeugen, dass wir keine Kriminellen sind."

Ohne abzuwarten, stand die Frau auf und holte aus einem Klappschrank über der Spüle zwei Becher hervor, die sie mit Tee füllte. „Hier, das könnte Ihnen guttun, Sie haben ja wohl eine Weile frieren müssen in Ihrem Auto draußen."

Klein hatte keinen Plan und fühlte offenbar selbst, dass sie mit Fragen und Anschuldigungen nichts ausrichten konnten. Um die Schiffsräume oder gar das ganze Schiff gründlich zu durchsuchen, waren er und Rita zu wenige Beamte, und eine freiwillige Unterstützung durch die Besatzung schien unrealistisch. Er sah noch die Hoffnung, dass tatsächlich späte Besucher auftauchen könnten. „Melde dich mal bei den Kollegen", bat er Rita leise und an die drei vom Schiff gerichtet, sagte er, dass sie gern den Tee annehmen würden. Jedenfalls setzte er sich an den Tisch.

Wenig später klemmten alle fünf Personen auf der Eckbank in der Kajüte zusammen.

„Sie müssen ja keine Angst haben, dass wir einfach wegfahren, bis morgen liegen wir hier sowieso fest", sagte die Frau lachend.

„Und Gemälde werden wir auch nicht über Bord werfen", schloss sich der Kapitän der lustigen Stimmung der Frau an.

Klein musste lachen, die Besatzung war entweder kaltschnäuzig oder hatte tatsächlich nichts zu verbergen. Gastfreundlich waren sie ja. Nur Rita blieb verhalten ernst. Sie hatte versucht, Hilfe bei Kollegen anzufordern; ihrer Miene war nicht anzusehen, ob ihr das gelungen war.

„Raub und kriminelle Aktionen, nee, das ist nix für uns", beschwor die Frau den Beamten neben sich am Tisch. Sie stieß Klein fast plump vertraulich in die Seite. „Sie beide sehen hungrig aus. Ich überlege gerade ..."

Auf einmal sprang sie auf und begann erst in einem der Hängeschränke nach irgendetwas zu suchen, und als sie dort nicht fand, was sie suchte, öffnete sie die Klappe des benachbarten Schranks.

„Wir haben hier doch noch unsere guten Kekse aus Amsterdam, die werden Sie mögen", erklärte sie, ohne ihr Wühlen zu unterbrechen. Als sie offensichtlich in den beiden ersten Schränken nichts fand, wechselte sie zum nächsten. Auch dort schob sie den Inhalt hin und her, wobei einiges davon herauszufallen drohte. Sie bemerkte gar nicht, wie ihr Mann ihr zunehmend beunruhigt dabei zusah.

„Was machst du da? Lass das, wir brauchen doch keine Kekse", wies sie der Kapitän barsch an. Sein Ton klang hörbar nicht nur verärgert, sondern fast alarmiert. Dem gefiel der plötzliche Aktionismus seiner Frau überhaupt nicht. „Setz' dich wieder hin!", befahl er ihr drohend und versuchte, sie sogar mit einem Arm auf ihren Platz zu ziehen.

Klein und seine Kollegin verfolgten die ganze Szene mit wachsender Neugier. Ein Verdacht drängte sich ihnen auf, auch wenn der ziemlich vage erschien. Warum war der Kapitän so aufgebracht, während seine Frau nur Kekse suchte?

Die Klappe von einem der Hängeschränke sprang unvermittelt einen Spalt weit auf. Ganz sachte rutschte ein rechteckiges flaches Paket ein kleines Stück nach vorn und lugte unter der Klappe hervor. Das ungestüme Gewühle der Frau im Nachbarschrank hatte es möglicherweise ins Rutschen versetzt. Die Form und Größe des in grau-bräunlichem Papier eingewickelten Pakets begründete Kleins Verdacht, dass es etwas enthielte, wonach sie suchten. Darin bestärkte ihn auch die unangemessene Wut des bulligen Kapitäns. Dieser war schneller, als der Kommissar es ihm zugetraut hätte, aufgesprungen, um die Klappe heftig zuzudrücken. Allerdings gelang ihm das nicht, denn das Paket klemmte im Spalt fest.

„Was machst du für einen Scheiß?", schrie er und versuchte, sich erneut an der Hängeschrankklappe. Doch auch dieses

Mal verklemmte sich das Paket und hinderte ihn so daran, sie zu verschließen.

Klein und seine Kollegin waren jetzt sicher: Ihr Verdacht schien bestätigt.

„Was haben Sie denn da? Zeigen Sie das doch mal her!", befahl Klein und stemmte sich mit Wucht gegen den Kapitän, während Rita neben ihm nach dem Paket griff. Triumphierend hielt sie es gleich darauf in die Höhe.

Die Kapitänsfrau war auf ihren Sitz zurückgerutscht und was sie da stöhnend von sich gab, könnte so etwas, wie schiere Verzweiflung gewesen sein. War sie überhaupt eingeweiht oder hatte sie nur kurz vergessen, in welchem der Hängeschränke sich ein van Gogh-Gemälde und weiteres Diebesgut verbarg?

„Könnte darin ein Gemälde verpackt sein? Sieht jedenfalls verdächtig danach aus, nicht wahr, Frau Kollegin?"

Klein war sich seiner Sache sicher. Energisch hielt er den Kapitän auf Abstand, während Rita das Paket vor dessen Zugriff schützte. Es maß etwa sechzig mal achtzig Zentimeter und war von geringem Gewicht.

„Haben wir hier ein Gemälde, vielleicht eines von van Gogh?", rief Klein in scharfem Ton. Er warf auch dem jungen Mann einen drohenden Blick zu, der aufgesprungen war, aber dann doch nicht eingriff.

Beide Beamte waren sich so sicher, ein gesuchtes Gemälde in ihren Händen zu halten, dass sie nicht einmal die Verpackung aufreißen wollten, in Sorge, es dadurch zu beschädigen.

Dem Kapitän schien klar zu sein, was jetzt folgen könnte. Sein fast hasserfüllter Blick traf seine Frau, die ihr Gesicht hinter ihren Händen zu verbergen versuchte. Vielleicht weinte sie, denn ihre Schultern zuckten so, als schluchzte sie leise in sich hinein. Kaum verständlich, was sie da vor sich hin flüsterte.

„Du musst noch mal die Kollegen anrufen, die müssen uns helfen", bat Klein seine Kollegin. „Nicht ausgeschlossen, dass wir hier noch mehr Beute finden. Die müssen das nette Trio abtransportieren und vielleicht tauchen die Besucher doch noch auf."

Diese ließen sich aus irgendeinem Grund nicht blicken. Klein hielt es für möglich, dass sie ihr Polizeiauto entdeckt oder den Tumult in der Schiffskajüte mitbekommen hatten. Dann waren sie längst abgehauen. Das Gemälde konnte durch Klein und Rita sichergestellt und die Besatzungsmitglieder ihren Kollegen übergeben werden. Am folgenden Tag würden andere Beamte das Schiff gründlich durchsuchen und ebenfalls Diebesgut finden.

„Hätte fast nicht mehr daran geglaubt, dass wir in dieser Nacht einen Erfolg einfahren könnten", erklärte Klein zufrieden schmunzelnd. „Unser Warten hat sich doch gelohnt, Rita!"

„Und ich muss schon wieder aufs Klo. Gott sei Dank gibt es das hier auf dem Schiff, im Warmen", sagte sie und entschuldigte sich.

26. Reuelos

Yasmine Meier

Seine Worte taten weh bloß,
war'n brutal und reuelos.
Als er ging, wurde mir klar,
dass er ja mein Leben war.

Dass ich nun verhall' wie ein Ton,
abdank' wie eine Königin vom Thron.
Und zerfall wie die Berliner Mauer,
denn auch die war nicht von Dauer.

Merke drum:
Milch, die man
nicht mehr mag,
wird eben mal sauer!

(Mein Gewinner beim Lyrikwettbewerb der Brentano-Gesell-
schaft 2023)

27. Stier oder Elch

Herbert Wolf

Verwechslungen passierten mir und wahrscheinlich auch Ihnen. So glaubte ich unvermittelt, eine mir bekannte Person im Gedränge zu erkennen, oder war überzeugt, ein Tier richtig identifiziert zu haben, das bei meinem Spaziergang im Wald zufällig durch die Bäume huschte. Ich erinnere mich einiger dieser Irrtümer. Diese klärten sich stets schnell auf, allenfalls war es etwas peinlich, wenn ich einen tatsächlich Fremden freundlich zu begrüßen versuchte. Dumm allerdings, wenn eine solche Verwechslung zu einem ungewollten Aktionismus führte, der nicht beabsichtigt war.

Das ältere Ehepaar glaubte sicher, was sie da eben für einen kurzen Moment zwischen den Bäumen am Rand des Parks erblickt hatten, war ein Rindvieh.

„Ein Bulle, ich habe jedenfalls keinen Euter erkennen können", erklärte der Mann und seine Frau nickte.

„Sicher, obwohl wir ihn nur kurz gesehen haben. Sah wirklich wie ein Stier aus, diese spitzen Hörner und das ganz dunkle Fell."

Sie bewegten sich nicht vom Platz. Zu sehr hatte sie der Anblick des Tieres aufgeschreckt. Sie kannten den Park von vielen Spaziergängen und hatten hier allenfalls mal einen frei laufenden Hund entdeckt. Das war aber heute ein viel größeres Tier gewesen, eines, das bestimmt hier nicht herumlaufen sollte, waren sie überzeugt. Angestrengt fuhren ihre Blicke über die Wiese bis zum Waldrand am Ende der Park, immer darauf wartend, dass der vermeintliche Bulle sich erneut zeigen könnte.

Eine ebenfalls betagte Frau mit einem Rollator trat an sie heran und erkundigte sich, ob sie helfen könne. Sie schüttelte gleich darauf ihren Kopf, ein Rindvieh hätte sie im Park auch noch nie erblickt. Sie hatte aber einen Verdacht, dass dieses Tier möglicherweise von einer benachbarten Weide entlaufen sein könnte. Das Weideland vom Bauernhof der Pawlaks grenzte ja hinter dem Waldstreifen an das Parkgelände. Nur ein schmaler Waldstreifen trennte den Rasen vom Weideland des Bauernhofs. Ein Seitenarm der Oder im Osten war eine natürliche Barriere für die Weide, die die Tiere daran hinderte, wegzulaufen. Und in die Stadt zog es sie ohnehin nicht.

Ein jüngeres Paar blieb neugierig bei der kleinen Gruppe stehen und stellte die gleiche Frage, wie die ältere Frau.

„Sind Sie sich sicher?", äußerte sich der junge, sportlich gekleidete Mann, was ihm das Ehepaar nachdrücklich bestätigte. Eine Diskussion entstand, denn schnell waren sich die Besucher einig, dass zumindest der Bauer Pawlak informiert werden sollte. Das ginge ja auch ziemlich einfach, heute hätte praktisch jeder ein Smartphone und die Nummer vom Bauern fände man sicher im Internet.

Das meinten auch drei weitere Spaziergänger, die sich angelockt vom kleinen Auflauf dazugesellten.

Bauer Pawlak war rasch erreichbar, war angeblich gerade mit einem Traktor und einem Viehtransporter in der Nähe unterwegs.

„Kann mir das gar nicht vorstellen, dass eines meiner Rinder von der Weide ausgebrochen sein soll. Die Weide ist ja mit einem elektrischen Weidezaun gesichert und da gehen die Kühe sehr ungern ran", behauptete der Bauer, als er nach wenigen Minuten bei der Gruppe eintraf. Ganz genau wollte er sich das Rind vom älteren Ehepaar beschreiben lassen. Auch wenn er Zweifel hatte, so tippte er allenfalls auf seinen Bullen Karl, der ein ganz ausgeschlafener Stier sei, eigenwillig und richtig stark.

Trotzdem hielt das Ehepaar unverdrossen an seiner Beobachtung fest. Immer mehr Besucher hatten sich inzwischen versammelt, darunter einige Schulkinder auf dem Weg nach Hause, und redeten ihrerseits auf den Bauern ein, der unschlüssig, was er unternehmen sollte, die vielen Ratschläge über sich ergehen ließ. Verunsichert war er, verstand aber trotzdem die Aufregung der Leute nicht. Was sollte denn passieren, wenn eines seiner Rindviecher sich hier herumtrieb? Dass da ein großes Tier sein könnte, wollte er gar nicht bestreiten. Könnte sich nicht ein Stück Rotwild oder gar ein Keiler in dieser städtischen Parkanlage, eingebettet in einem Nationalpark dicht an der Oder, hierher verirrt haben?

Schließlich eilte einer der Parkgärtner in seinen verschmutzten Arbeitsklamotten hinzu. Dieser sah nicht nur die Sicherheit der Spaziergänger bedroht, sondern sorgte sich auch um die Blumenrabatte. Er bestand regelrecht darauf, dass Pawlak das Tier unbedingt wegschaffen müsse.

„Wenn das einer Ihrer Bullen ist, der hier frei herumläuft, dann müssen Sie den jetzt einfangen. Der hat hier im Park nichts verloren!", erklärte er mit Nachdruck unter dem erkennbaren Beifall der Umstehenden. Einer drängte sich jetzt nach vorn, um von einem Angriff eines Bullen zu berichten, der den Bauern auf die Hörner genommen hätte.

„Ich würde gern was machen", sagte Pawlak abwehrend. „Aber ich sehe nirgendwo ein Rindvieh herumlaufen. Vielleicht beruht diese Beobachtung auf einen Irrtum."

Die Glaubwürdigkeit des Ehepaars so in Zweifel zu ziehen, hätte Pawlak besser unterlassen. Jetzt entlud sich der ganze Unmut der Leute auf ihn, die ihm seine vermeintliche Gelassenheit verübelten.

„Sie sollten die Polizei rufen!", forderten sie vom Gärtner, dem sie die Verantwortung für den Park unterstellten.

Wenig später waren zwei Polizeibeamte zur Stelle. Diese ließen sich ausführlich berichten und teilten dann die Ansicht der Parkbesucher: Das Rindvieh müsste vor Anbruch der Dunkelheit eingefangen werden, denn sonst wäre die Sicherheit im Park gefährdet, in dem selbst abends die Besucher Ruhe und Entspannung suchten, aber bestimmt keinem Stier begegnen wollten. Wer konnte schon vorhersagen, wie dieses Tier unter Stress, verursacht durch die Parkbesucher, reagierte? Konnte es sogar aggressiv auf die Leute losgehen oder sich möglicherweise wild in den Straßenverkehr stürzen? Die große Durchgangsstraße führte auf der anderen Parkseite direkt vorbei. Dem Bauern dämmerte längst, dass er handeln müsste, obwohl er nach wie vor an der Geschichte des Ehepaars zweifelte. „Wie hätte der überhaupt den Weg von der Weide hierher in den Park gefunden?", überlegte er leise. Und genau das fragte ihn jetzt der eine Polizist, der augenscheinlich das Kommando führte.

„Wie kann das passieren? War die Umzäunung der Weide nicht mehr in Ordnung?"

„Nein, was denken Sie. Die elektrische Weidezaunanlage ist doch erst im Sommer erneuert worden. Von mir heute noch am Morgen geprüft. Bei mir ist noch nie ein Bulle davongelaufen", versicherte der Bauer sofort, dem der bloße Verdacht Sorgen machte. „Wenn da Schaden entsteht, will ich doch nicht verantwortlich sein ..."

„Wollen wir mal hoffen, dass kein Schaden entsteht. Ist der Stier vielleicht aggressiv?", mischte sich einer der Parkbesucher ein, der aussah, als wäre er gerade aus einem Büro entkommen. „Wenn der natürlich einen von uns angreift, kriegen Sie sicher Ärger."

„Nee, nee, wenn es tatsächlich der Karl ist, der ist doch eher besonnen, der besteigt allenfalls meine Kühe, wenn Sie verstehen, was ich meine. Ist sogar preisgekrönt! Nee, der tut keinem was!" Pawlak schien wirklich besorgt und wog den Kopf hin und her. „Ärgern sollte man den natürlich nicht!"

„Der besteigt tatsächlich Ihre Kühe?", wollte eine etwas atemlose Parkbesucherin in Jogging-Kleidung wissen. „Gibt's so etwas heute noch? Ich meine so wie früher auf Bauernhöfen?" Einige der Schüler tuschelten jetzt und lachten.

Der Bauer wollte das nicht verstehen und schüttelte unwillig seinen Kopf. „Wie soll es denn sonst gehen?"

Der Polizist, vielleicht ein Polizeihauptmeister, was die Umstehenden nicht genau einschätzen konnten, drang auf eine Entscheidung. Er wollte von Pawlak wissen, wie dieser Bulle eingefangen werden könnte und ob dazu weitere Unterstützung erforderlich sei. Wenn ja, dann wäre es an der Zeit, ein Einsatzkommando anzufordern, da es bereits merklich dunkler wurde. Die Umstehenden schienen froh zu sein, dass jemand die Führung übernahm und endlich Klartext redete, damit endlich etwas passierte.

Der Beamte stemmte jetzt mit entschlossenem Gesicht seine Fäuste in die Hüften und stellte sich breitbeinig vor Pawlak und dem Gärtner auf. „Also, was meinen Sie als Bauer und Sie als Kenner des Parks: Wie kann das Rindvieh am besten eingefangen werden?"

Der andere Polizist meldete sich ungefragt: „Wir könnten einen Jäger von der Jagdgesellschaft herbeirufen, der könnte doch ..."

„Sind Sie verrückt? Wollen Sie meinen Karl abknallen?", empörte sich der Bauer.

„Vom Abknallen habe ich nicht gesprochen. Man könnte ihn durch einen Schuss betäuben, das meine ich."

„Scholz, sehen Sie nicht, dass hier noch ziemlich viele Besucher herumlaufen?", rüffelte ihn jetzt der Polizeihauptmeister. „Außerdem sehe ich den Bullen im Moment auch nicht. Wir müssen ihn vorher erst einmal finden und das so schnell wie möglich. Das mit dem Schießen ist keine gute Idee. Ich überlege, ob ich eine Bereitschaftsstaffel herbeirufen soll. Wir sind zu wenige."

„Muss ich die dann bezahlen?", fuhr der Bauer erschrocken hoch. „Wie soll der Karl denn hierhergekommen sein? Und glauben Sie mir doch, die Weideumzäunung ist bestimmt unüberwindbar für meine Rindviecher."

„Heimweh hat so ein Stier wohl nicht", witzelte jemand von den Umstehenden.

„Vielleicht ahnt er ja, dass es demnächst zum Schlachter geht", spottete der Mann im Bürodress.

Der Bauer bemerkte das verärgert. „Der wird noch lange nicht geschlachtet. Der steht in vollem Saft und wird noch viele Kühe bei mir besteigen."

Wenn er meinte, damit den Spöttern den Wind aus den Segeln genommen zu haben, irrte er sich. Noch einige Witze folgten, zum Beispiel auch der, ob der Bulle gerade fremdging.

Dem Polizeihauptmeister reichte es. Ungeduldig und gereizt durch Pawlaks Reaktion und dem Verlauf der Diskussion, fuhr er mit seinen Armen durch die Luft. Er wollte, dass ihm alle zuhörten. Möglicherweise fürchtete er, dass die Umstehenden ihn für überfordert halten könnten. Einige schauten ihn bereits an, als erwarteten sie irgendetwas Tatkräftiges von ihm und seinem Kollegen.

„Herr Pawlak, was ich jetzt von Ihnen hören will, ist, wie Sie das Rindvieh einfangen wollen. Alles andere interessiert mich nicht", ging er den Bauern hart an.

Der konnte gar nicht antworten. Bei einigen der Umstehenden schien die Geduld auch am Ende zu sein. Oder waren sie einfach nur hyperaktiv, und wollten das Tier endlich jagen? Ohne die Polizei und den Bauern weiter zu beachten, stürmten sie in Richtung des Waldstücks los. Das ältere Ehepaar lief prompt hinterher, begierig darauf zu beweisen, dass sie sich nicht geirrt hatten. Selbst der Gärtner ließ sich anstecken und versuchte, sich an die Spitze zu setzen. Vergeblich forderte der Polizeihauptmeister, die unsinnige Aktion zu stoppen, aber seine Rufe verhallten.

„Was für eine sinnlose Jagd", sagte er gefrustet zu seinem Kollegen und Pawlak, die Einzigen, die den anderen nicht gefolgt waren.

„Wenn mein Karl sich tatsächlich dort hinten im Wald versteckt hält, dann könnten die gegen den gar nichts ausrichten. Der ist ein richtiger Bulle ...", erklärte Pawlak gepackt von dumpfer Sorge.

„Dann würde es also gefährlich werden", stellte der Polizeihauptmeister sachlich fest.

Es wurde zusehend dämmrig. Besonders dort, wo die Wiese von größeren Baumgruppen überschattet wurde, reichte das Tageslicht nicht mehr aus, Menschen oder Tiere sicher auszumachen. Noch schwieriger würde es für die Parkbesucher sein, zwischen den Bäumen einen schwarzen Bullen aufzufinden. Und wussten die, wie der sich wehren könnte?

Der Polizeihauptmeister erschauderte, er hatte ja die Verantwortung, jedenfalls würden seine Vorgesetzten das so sehen. Er schien genug gehört oder überlegt zu haben. Er lief erst mal zu seinem Einsatzfahrzeug, das er an der Straße abgestellt hatte. Es dauerte, bis er zurück stürmte. Er erschien sichtbar wütend und wandte sich sofort dem Bauern zu.

„Wie heißt der Bulle, der hier angeblich herumläuft? Sagten Sie *Karl*? Das Revier hat sich mit Ihrer Frau in Verbindung gesetzt und die sagt, dass sie Karl eben erst dort gesehen hat, wo er hingehört, auf der Weide! Und angeblich fehle überhaupt keines Ihrer Rindviecher."

„Das war ja auch nicht meine Idee, Karl im Park zu suchen", erwiderte Pawlak erleichtert und mit deutlichem Oberwasser. „Dieses Ehepaar hat hier den ganzen Zauber verursacht."

„Er hat wahrscheinlich recht", gestand sich auch der Polizist ein und stieß einen unterdrückten Fluch aus. Was immer das Ehepaar gesehen haben wollte, sie mussten sich geirrt haben. Ein Rindvieh, zumindest von Pawlaks Weide, war es sicher nicht.

Auf einmal hörten sie lautes Geschrei und im selben Moment sahen sie, wie die Gruppe von Parkbesuchern, die gerade noch Richtung Wald gestürmt war, fast panikartig den Rückweg suchte. Fächerförmig schwärmten sie aus, stolperten oder fielen sogar hin, nur um schnellstens vor etwas zu fliehen, was dem Polizeihauptmeister und Bauer Pawlak ein Rätsel war.

Ein junges Paar gelangte als Erstes zu ihnen zurück.

„Was ist denn los?", wollte der Beamte wissen. „Hat sich der Stier doch im Park verirrt?"

„Ach was! Im Wald rennt ein ausgewachsener Elch herum, genauer können wir es nicht sagen. Der findet offenbar keinen Weg aus unserem Park heraus. Der Weidezaun hindert das Tier wohl daran", antwortete das Paar außer Atem.

„Ein Elch? Damit habe ich aber nichts zu tun!", rief Pawlak fast triumphierend. Eben noch hatte er fürchten müssen, dass sein Bulle Karl im Park ausgebüxt war.

Dass ein Elch in ihrer Gegend herumstreifte, war schon passiert, obwohl das äußerst selten vorkam. Die Oder war für diese Tiere kein Hindernis. Das wusste der Polizeihauptmeister so gut wie der Gärtner, der es ebenfalls zu ihnen zurückgeschafft hatte.

„Jetzt brauchen wir vielleicht doch noch eine Bereitschaftsstaffel oder sogar einen Jäger", erklärte dieser. „Diesen Elch können wir hier erst recht nicht dulden!"

„Und das soll ich jetzt organisieren?", klagte der Polizist mit müder Stimme. Aber ihm war schon klar, dass er und sein Kollege nicht einfach abrücken könnten.

28. Unerwartetes passiert halt

Herbert Wolf

Einer von beiden tut's tatsächlich, während der/die andere zögert … Vielleicht sind sie hinterher klüger oder wissen sie nur, dass etwas schiefgelaufen ist? Und hilft es, dem Zögerlichen nachzubohren, wenn er dann vermeintlich die ganze Geschichte kennt? Den beiden Protagonisten in dieser Geschichte passiert's halt; schauen wir mal, wie es ausgeht.

Andreas, achtundzwanzig Jahre alt, lebte mit Beate zusammen, die etwas jünger war. Ihre Erwartungen in ihre Partnerschaft teilten sie. Und sie teilten auch ihre Interessen, zum Beispiel für den Freizeitsport. Seine Arbeit in der Entwicklung eines Pharmakonzerns forderte von ihm, was er gern leistete, und bot das, was er finanziell und bezüglich seiner Entwicklungsmöglichkeiten erwartet hatte. Bei seiner Freundin vermutete er, dass sie es für sich ähnlich empfand. Sie genossen eine Zeit, in der noch vieles möglich erschien, aber nichts sofort und endgültig entschieden werden müsste. Gelegentlich diskutierten sie Fragen wie: Bauen wir ein eigenes Haus oder wollen wir jetzt schon ein Kind? Diskussionen dazu führten sie eher sachlich, im Gefühl, nichts unter Zeitdruck und sicher nicht sofort entscheiden zu müssen. Er sah genügend Luft nach oben für sie beide in ihrer beruflichen Entwicklung. Der Gedanke, sich Optionen offen zu halten, bremste vor allem bei ihm den Willen, sich rasch auf das eine oder andere festzulegen.

„Jedenfalls bin ich eher dafür, mit dem Bauen noch zu warten. Und das sehe ich bei einem Kind ähnlich. Wäre doch schön, wenn wir unserem Kind auch gleich das richtige Zuhause bieten könnten", hatte Andreas gesagt.

„Sicher, wir müssen uns nicht beeilen, es drängt uns nichts. Aber schön ist der Gedanke doch, oder?", hatte sie entgegnet.

„Wir können sofort nach einem geeigneten Bauplatz suchen. Der Bau wird dann sicher ein Jahr dauern und währenddessen reden wir über unsere Familienplanung. Es wäre für mich die richtige Reihenfolge", gab er sich überzeugt.

„Die richtige Reihenfolge! Das klingt ja schon fast wie ein Bauplan", hatte sie erwidert und tief durchgeatmet. „Hoffentlich hält die *Planung* und es passiert nichts unerwartet, also ganz spontan."

„Wie meinst du das? Ich versuche, nur unsere jetzige Lage zu berücksichtigen. Wir wohnen hier in einer recht engen 2-Zimmer-Wohnung. Einen Raum mehr würde ich dann doch gern haben, wenn sich unser Kind ankündigt."

Er klang für sie überzeugend. Ihr fiel nichts ein, was sie dagegen einwenden könnte. Empfindungen in Worte zu fassen, ist noch mal etwas ganz anderes. Sie durchlebten eine sorglose Phase, fast mutete diese paradiesisch an. Sofern keiner von ihnen ihre Beziehung unbedacht oder leichtfertig gefährdete, gab es auch für sie keinen Grund, ihr Leben zu verändern.

Andreas erinnerte sich nicht an ihre Diskussion, als er Beate zum Flughafen fuhr. Sie arbeitete in derselben Firma wie er, nur war sie im Vertrieb beschäftigt. Und dieser schickte sie für drei Wochen zu einer Auslandstochter. Solche Dienstreisen passierten gelegentlich, meist nur für ein paar Tage, dieses Mal sollte es länger dauern. Andreas akzeptierte diese Trennungszeiten, obwohl er sie ungern ertrug, zumal wenn sie sich über Wochen erstreckten. Er wurde ebenfalls hin und wieder auf eine Dienstreise geschickt, womit sie klarkommen musste. In den ersten Tagen einer solchen Trennung litt er gewöhnlich darunter. Die Leere in der Wohnung bedrückte ihn. Er blieb dann länger im Büro oder fuhr nicht sofort nach der Arbeit nach Hause. Dann gewöhnte er sich scheinbar an das Alleinsein, bis er gegen Ende Beates Rückkehr ungeduldig herbeisehnte. Geschadet hatten ihnen beiden diese Trennungen bisher nicht. Es erschien ihnen sogar so, dass sich danach ihre Beziehung intensiver anfühlte.

Beim Abschied vor der Absperrung zur Sicherheitskontrolle hielten sie sich einen langen Moment fest. Keiner wollte der Erste sein, der losließ.

„Die Zeit vergeht so schnell, dass du mich nicht mal vermissen wirst", scherzte sie und in ihren Augen sah er die Tränen glitzern. „Bleib mir einfach treu und denk viel an mich."

„Was denn sonst?", erwiderte er mit belegter Stimme. Jetzt war ja nicht der Zeitpunkt, an dem sie sich gegenseitig ihre Liebe und Treue versichern müssten. Es war ein beschissenes Gefühl, weil er die leere Wohnung fürchtete oder sie den langen Flug nicht mochte, ohne ihn neben sich zu wissen. Drei Wochen, das war schon ziemlich lang, das empfanden sie beide.

„Denke jetzt daran, dass du mich hier wieder abholen wirst, und wir dann über das sprechen werden, was uns schon länger beschäftigt. Du weißt, was ich meine?", fragte sie und wurde im selben Moment von anderen Passagieren zur Sicherheitskontrolle weitergeschoben. Er sah sie gleich darauf, wie sie für den Sicherheitsmann ihre Arme in die Höhe streckte. Was sie gemeint hatte, daran erinnerte er sich nicht, er versuchte sie nur im Blick zu behalten. Dann war sie aber schon verschwunden.

„So ist das halt jetzt", sagte er zu sich und wollte nicht sofort nach Hause fahren. Er fuhr Richtung Zentrum, dann zum Bahnhof und dort entlang einer der Straßen, die einen negativen Ruf hatte. Er hatte keine Idee, was er an diesem recht frühen Abend anstellen sollte. Er sah die Frauen vor den Hauseingängen stehen, die zu ihm ins Auto lächelten oder ihm zuwinkten. Er hatte Lust auf Sex, aber nicht mit diesen Damen. Da war er sich sicher. Er hatte oft Lust auf Sex, sogar bei der Arbeit oder gelegentlich im Fitnessstudio, wenn er zum Beispiel eine der Frauen bei ihrer Trainingsübung erblickte. Alles Mögliche konnte er sich vorstellen, hob sich diese Gedanken aber auf für den nächsten Moment, wenn er mit Beate Sex haben konnte. Auch die aufdringlichen Leuchtanzeigen über den Türen der Bars langweilten ihn. Zu klar verwiesen sie darauf, was ihn drinnen erwarten würde.

Ein Gedanke blitzte auf und den verband er mit seiner Studentenzeit. „Da könnte ich mal vorbeifahren", entschied er spontan. Es war eine längere Fahrt vom Zentrum zum Uni-Campus, und dort fand er nicht sofort das gesuchte Studentenlokal, an das er sich erinnert hatte. Fast hätte er den Eingang übersehen, denn drumherum hatte die Universität umfangreich hinzugebaut. Das Gefühl, gar nicht mehr richtig in dieses Lokal zu passen, beschlich ihn beim Betreten. Etwas zu laut und reichlich angefüllt mit einer Dunstwolke, bemerkte er, wie sich inzwischen seine Restaurantpräferenzen verändert haben mussten.

Es gab wenige freie Sitzgelegenheiten. Die Plätze an den Tischen waren rar, dafür gab es aber genügend Stehtische und an der Theke leere Barhocker. Dort setzte er sich hin. Intensiv blickte er sich um. Dass er jemanden aus seiner Studienzeit entdecken könnte, erwartete er nicht. Es war eher ungezielte Neugier. An der Rückwand befand sich immer noch die kleine Bühne, die er kannte. Sie war zwar hell erleuchtet, wurde aber im Moment nicht benutzt. Er bestellte, was er früher hier oft getrunken hatte, Rum mit Cola.

Der Mann hinter der Theke schaute ihn fragend an. „Waren Sie schon mal hier?"

„Lange her ... Jahre", antwortete er. „Gibt es ein Programm heute Abend?"

„Sicher! Wenn du etwas Zeit hast, geht gleich los." Hier wird wie früher schon, jeder geduzt, fiel Andreas ein.

Kaum hatte der Barmann das gesagt, lief eine junge Frau zur Bühne. In der Hand hatte sie eine Gitarre und einen Notenblock. Etwas umständlich rückte sie mehrfach einen Hocker in die richtige Position und zog den Mikrofonständer näher zu sich.

„Ich bin Maike und gleich trage ich ein paar meiner Lieder vor", erklärte sie ernst. Das klang eher zaghaft, wobei ihr ein verhuschtes Lächeln in Richtung Publikum gelang. Dieses klatschte artig, wenn auch mehr verhalten.

Mein Gott, was für eine kräftige und so berührende Stimme, durchfuhr es Andreas, der das von einer so schüchternen Person nicht erwartet hatte. Fast entging ihm, worüber Maike sang. Sicher, es war ein Protestlied. Der Text widmete sich aber nicht nur platt der Klimaveränderung, sondern kreiste gedanklich um das Schicksal eines *weißen Arktisbewohners* und was dieser gerade empfinden musste. Als Maike ihren Auftritt beendete, klatschte er auffällig intensiv, was jeder im Raum bemerkte, auch die junge Sängerin, die etwas erstaunt zu ihm hinüberblickte. Sie sang noch zwei weitere Lieder, ebenfalls mit dieser kräftigen und vollen Stimme. Und jedes Mal berührte ihn das mehr. Dann verbeugte sie sich etwas ungelenk und verschwand hinter einem Bühnenvorhang.

„Das war mal ein toller Vortrag", wandte sich Andreas an den Mann hinter der Bar. „Singt sie öfter hier?"

„Hat es Ihnen gefallen? Sind nicht der Einzige", bemerkte er. „Maike ist öfter Gast bei uns und hat dann ihren Auftritt. Kommendes Wochenende auch wieder."

Jemand berührte ihn von hinten am Arm, und als er sich umsah, erkannte er Maike, die ihm eine Sammelbüchse hinhielt.

„Ich singe und sammle nicht für mich", erklärte sie sachlich. Sie schüttelte die Büchse und lächelte, was Andreas erkennbar verwirrte. Er brauchte lange Sekunden, um seine Börse hervorzuziehen und dort ein paar Münzen zu finden. „Klar, ich spende", presste er hervor und hatte da schon den Moment verpasst, ihren Gesang zu loben.

„Gut, wenn es dir gefallen hat", sagte sie mit sicherer Stimme und schien vorwegnehmen zu wollen, was er ihr gern gesagt hätte. „Wir sammeln für unsere Umweltinitiative ..."

Dann war sie wieder im Raum verschwunden. Er entdeckte sie etwas später, wie sie mit anderen Gästen an einem Tisch saß. Da sang schon ein weiterer Künstler, was Andreas weniger beeindruckte. Er zahlte und fuhr nach Hause. Es war doch spät geworden und er wollte Beate heute noch anrufen.

„Hey, ich dachte schon, du hättest mich vergessen", rief diese, kaum dass er den Anruf gestartet hatte.

„Ich konnte einfach nicht nach Hause in die leere Wohnung. Bist du schon im Hotel angekommen?"

„Alles gut gelaufen bei mir. Müde bin ich und werde mich schlafen legen, obwohl es gerade mal Mittag vorbei ist. Morgen früh muss ich frisch sein!"

Sie redeten eine Weile, aber er merkte schon, dass sie erschöpft war. Er hörte sie sogar gähnen. Im Bett, leicht schläfrig, meinte er Maike auf der Bühne mit ihrer Gitarre zu sehen. Sogar an ihre Stimme schien er sich zu erinnern, obwohl ihm der Liedtext nicht einfallen wollte.

Das Wochenende kam, er hatte sich nach drei Tagen des Alleinseins etwas an diese Situation gewöhnt. Jeden Tag hatte er mit Beate telefoniert, alle möglichen Einzelheiten von ihr erfragt, wie er umgekehrt, ihr genau schildern musste, was er so allein machte

„Was treibst du, so ohne mich?", hatte sie spaßig immer wieder nachgefragt. Etwas Besonderes zu erzählen, gab es aber bei ihm nicht. Und das schien bei Beate nicht anders zu sein. „Ich zähle schon die Tage", hatte sie einmal gesagt. „Ich auch!", hatte er geantwortet.

Dass er am Samstag am späten Abend doch zu diesem Studentenlokal fuhr, war nicht unbedingt von ihm klar entschieden worden. Er hatte sich zuvor am Freitag noch mit Kollegen verabredet, mit denen er den Abend hatte verbringen wollen. Es war eine unerwartete Covid-Erkrankung bei einem Teilnehmer, die die Verabredung platzen ließ. Also, was mache ich, fragte er sich und dann fiel ihm Maike ein.

Diese drehte sich genau in dem Moment zum Eingang um, als er in das Studentenlokal trat. Er sah, wie sie ihm kurz zuwinkte. Fast empfand er das wie eine selbstverständliche Vertrautheit, obwohl nichts zwischen ihnen vertraut war. Er winkte ihr ebenfalls zu, bevor er sich auf einen der Barhocker setzte. Der Barmann erkannte ihn wieder und fragte ihn: „Cola Rum für dich?" An diesem Abend war es deutlich voller, fast ein Wunder, dass er diesen freien Hocker ergattert hatte.

Sein Getränk stand vor ihm, da erhob sich Maike und wenig später saß sie mit ihrer Gitarre auf der Bühne. Wenn er erwartet hatte, dass sie dieselben Lieder wiederholen würde, dann irrte er sich. Ihr Repertoire schien jedenfalls größer zu sein, als er es vermutet hatte. Die Stimme war wieder so eindrucksvoll, dass ihm die Texte fast entgingen.

Am Ende wartete sie höflich den Beifall ab, und er zog jetzt schon seine Geldbörse hervor. Dieses Mal wollte er ein Gespräch suchen und nicht erst ein paar Münzen.

Wenig später hielt sie ihm die Büchse hin und zwinkerte ihm verschmitzt zu. Sie begegnete ihm fast wie einem Bekannten, den sie hier erwartet hatte. Ihr Auftreten und ihre Mimik drückten Neugier aus. Sie legte es darauf an, mit ihm ins Gespräch zu kommen. „Du weißt ja, wofür ich sammle. Hat dir mein kleiner Auftritt auch dieses Mal gefallen?"

Er steckte umständlich einen Schein in die Sammeldose, aber es gelang ihm nicht, ihre Frage locker zu beantworten, obwohl ihm die Worte auf der Zunge zu liegen schienen. Wieder war sie schneller. „Danke dir", sagte sie rasch und dann verschwand sie doch zwischen all den Besuchertischen.

Andreas ärgerte sich über seine Nummer, bei der er sich wie ein Rückgrat versteifter Teddybär vorgekommen war. Locker spontan sieht anders aus! Vielleicht fehlte ihm inzwischen die Übung, aber irgendetwas hatte sie sicher an ihm vermisst, fürchtete er.

Kurz darauf stand sie doch noch mal neben ihm, der Zufall wollte es, dass sein Sitznachbar den Hocker in diesem Moment freigab.

„Wenn mir jemand so offenkundig sein Gefallen an meinen Liedern zeigt und großzügig spendet, dann möchte ich doch wissen, wer er oder sie ist", erklärte sie.

„Ich bin der Andreas und du hast nichts zu trinken. Darf ich dir etwas bestellen, sozusagen als Dankeschön für den klasse Auftritt?"

„Nein danke, Andreas. Ich habe gerade ein Wasser getrunken. Erzähle mir lieber etwas von dir, was du machst und wie du es hierhergeschafft hast."

„Drei Jahre her, da habe ich hier öfter gesessen, noch als Student der Pharmazie."

„Pharmazie?", rief sie. „Das ist genau mein Fach, fünftes Semester! Du bist mir da etwas voraus", sie lachte jetzt und Andreas wusste nicht, was er mehr bewunderte, ihren Gesang oder ihre ganze Erscheinung.

„Mir gefällt deine Stimme, so wie du singst. Die Texte natürlich auch! Ich bin nicht nur beeindruckt, ich mag deine Art, wie du performst." Oh Gott, *performst!* Was für ein Ausdruck, und das von mir!

„Das mache ich wirklich nur als Hobby und natürlich für unsere Umweltinitiative. Das wird nicht mein Beruf. Und du? Wo arbeitest du?"

Andreas erklärte ziemlich ausführlich, wo und in welcher Position er genau als Pharmazeut arbeitete. Da redete er dann so routiniert, wie in den Besprechungen, an denen er beim Job häufig teilnahm. Sie unterbrach ihn mehrmals, um eine schnellere Antwort auf eine Frage zu erhalten.

„Ich sollte mich nach dem Studium in deiner Firma bewerben. Es scheint interessante Projekte bei euch zu geben. Aber bis dahin sind es noch ein paar Semester und Examina", sagte sie seufzend bei einer kurzen Redepause von ihm. Unversehens wechselte sie das Thema. „Andreas, was machst du privat, ich meine wie sieht dein Alltag ohne Arbeit aus?"

Die Frage schien ihr selbst etwas unangenehm zu sein, denn trotz der mäßigen Beleuchtung an der Theke, entdeckte er, wie sie leicht errötete.

„Sport! Ich treibe verschiedene Sportarten. Segeln ist ein Hobby von mir ...", stellte er sich etwas stutzig, weil er ahnte, dass sie die Frage anders gemeint haben könnte. „Meine Freundin heißt Beate, wir arbeiten in derselben Firma."

„So, so! Du hast eine Freundin. Und wo ist Beate jetzt, wenn ich das fragen darf?"

„Sie ist zurzeit auf einer Dienstreise, ich konnte sie nicht mitbringen." Sie lachten beide.

Auf einmal stand sie auf. „Ich muss jetzt leider los. Mein Kommilitone dort am Tisch winkt schon. Der fährt mich nach Hause." Sie drehte sich beim Weggehen noch mal um. „Am Mittwoch singe ich übrigens wieder hier. Komm doch einfach hierher, eventuell mit deiner Freundin."

Er würde wiederkommen. Die Lust dazu hatte er und ein Hinderungsgrund fiel ihm nicht ein. Wie sie gefragt oder ihren

Auftritt am kommenden Mittwoch erwähnt hatte, darin sah er Anzeichen, dass sie hoffte, ihn wiederzusehen. Auf seinem Gesicht zeigte sich ein erwartungsvolles Lächeln.

Beim Telefonieren mit Beate war er unkonzentriert. Er musste nachfragen, was sie gerade gesagt hatte. Ihm entging sogar ihr Zögern, als sie eher wortkarg von ihrem Tag berichtete. Die Fragen kamen und die Antworten verfehlten bei beiden die Präzision, um sie eigentlich hinnehmen zu können. Erst am folgenden Morgen erinnerte er sich, dass das letzte Telefongespräch nicht so verlaufen war, wie sonst. Aber er wischte jede Irritation in sich beiseite, weil er meinte, selbst gedanklich abgelenkt gewesen zu sein. Anders als am Samstag, fieberte er dem Mittwochabend entgegen, obwohl er sich mehrfach fragte, was genau er erwartete, wenn er Maike erneut träfe.

„Sie spricht so, als wären wir uns bereits mehrfach begegnet, fast vertraut. Und ich kann ihre Stimme, ihr Gesicht nicht vergessen. Ich glaube, ich bin sogar etwas verliebt", redete er mit sich und fühlte, wie ihn ein leichter Schauer erfasste. Erklären konnte er sich das nur durch den Eindruck, den sie bei ihm hinterlassen hatte. Ich werde sie treffen!

Also fuhr er am Mittwochabend prompt wieder zum Studentenlokal. Zu seiner Überraschung waren an diesem Abend nur wenige Gäste erschienen. Trotzdem ging es laut zu. Einige der Anwesenden übertönten mit ihrer aufgedrehten Fröhlichkeit alle anderen Gespräche im Lokal. „Da ist wohl ein besonderer Witzbold dabei", entfuhr es Andreas in Richtung des Barkeepers. Dieser zuckte nur mit den Achseln und fragte dann nach seinen Wünschen.

Maike konnte er nirgendwo entdecken und den Mann an der Bar kannte er dieses Mal nicht, um ihn nach ihrem Auftritt zu befragen. Er saß da, trank erst ein und kurz darauf ein weiteres Glas Rum mit Cola. Er musste schon aufpassen, wenn er mit dem Auto nach Hause fahren wollte.

Wo bleibt sie, fragte er sich und kontrollierte seine Uhr. Er könnte natürlich bleiben, Termine am Abend hatte er nicht.

Nur die Ungeduld stieg und die Sorge, sich bei Maikes Ankündigung verhört zu haben.

Jemand stieß ihn von hinten an, so unvermutet, dass er sich irritiert umsah.

„Schön, dass du doch gekommen bist", sagte sie und er wusste sofort, wer ihn da etwas unsanft angestupst hatte. „Heute werde ich doch nicht singen können. Nachher tritt eine Pantomimengruppe auf, dafür wurde die Bühne bereits vorbereitet. Leider werden die fast vor leerer Kulisse auftreten müssen. Sind nur wenige Gäste erschienen."

Schadet denen gar nichts, wenn sie Maike von der Bühne verdrängen, hätte er sagen wollen, was er aber unterließ. „Ich bin trotzdem froh, gekommen zu sein. Dann können wir uns in aller Ruhe unterhalten."

Sie setzte sich neben ihn und dieses Mal klappte es mit ihrer Unterhaltung. Den ganzen Auftritt der Pantomimenkünstler verpassten sie so nahezu. Selbst als der Beifall deutlich zeigte, dass deren Vortrag gefallen hatte, entging ihnen das. Was erzählten sie sich nicht alles, die Themen von der Studienwahl bis hin zu ihren bevorzugten Freizeitaktivitäten streiften sie. Jeder von ihnen war bemüht, mit einem neuen Gedanken die ohnehin nur kurzen Gesprächspausen zu verdrängen, das Gespräch am Laufen zu halten. Und so erfuhr er mühelos, was ihn ebenfalls interessierte. „War das dein Freund, der dich beim letzten Mal nach Hause gefahren hat?"

„Ach du meinst Tom? Nein, er studiert im selben Semester und wir sind befreundet", antwortete sie. „Mehr nicht."

„Es hätte mich nicht überrascht, wenn es anders gewesen wäre ..."

„Wieso? Meinst du, dass ich unbedingt eine feste Beziehung haben müsste?", fragte sie scheinheilig. „Vielleicht arbeite ich gerade daran."

Jetzt lachte sie, woraufhin auch er lachen musste. Sie hatte offenbar keinen engen Freund, schloss er.

Das Gespräch flachste hin und her. Mal berührte er ihren Arm, mal fuhr sie mit ihrer Hand über seine. Einmal schien sie gar nicht zu bemerken, dass seine Hand lange auf ihrem Rücken ruhte.

Auf einmal sprang sie auf. „Weißt du was? Ich rede und rede und dabei verpasse ich gerade meinen Anschluss zum Bus nach Hause. Ich wohne nämlich ziemlich weit draußen auf der anderen Seite vom Zentrum."

„Wenn das ein Problem ist, kann ich dich gern fahren. Ins Auto muss ich sowieso einsteigen", erklärte er mit einer einladenden Handbewegung.

Beim Hinausgehen schob er sie mit seiner Hand an ihrer Hüfte durch den Ausgang. Sie bemerkte das sicher, aber hatte offenbar nichts dagegen.

„Da drüben steht mein Auto, der dunkelblaue BMW. Es ist ein E-Fahrzeug, umweltgerecht und geleast", erklärte er nicht ohne leichte Ironie. „Genau genommen fahre ich den erst seit einem Vierteljahr."

„Aha", antwortete sie scheinbar unbeeindruckt. Autos trafen offenbar nicht ihr Interesse. „Ich fahre sonst immer mit dem großen Gelben oder nutze die U-Bahn."

Etwas bedauerte er es, dass ihre Unterhaltung durch die Autofahrt ausgebremst wurde. Durchs Zentrum war er vom regen Verkehr abgelenkt und ihr ging es wohl ähnlich. Ob sein gewohnt forscher Fahrstil auch dazu beitrug, dass sie eher still blieb, wusste er nicht. Umso mehr überraschte es ihn, als sie vorschlug, ihm ihre Wohnung zu zeigen.

„Sie ist winzig, also befürchte keine lange Besichtigung", erklärte sie, stieg aus und bedeutete ihm, ihr zu folgen. Da war sie schon fast an der Haustür.

Dass sie eine solche Einladung aussprechen würde, hatte er sich nicht vorgestellt. Es überraschte ihn wirklich. Ein Gedanke schoss ihm in den Kopf. *Was, wenn ich ihr jetzt folge?* Ein paar Sekunden versuchte er, Zeit zu gewinnen, angeblich um Autoschlüssel und Handy aus der Mittelkonsole hervorzukramen. Ihn drängte aber nicht nur die Neugier auf ihre Wohnung, sondern der Reiz, den diese überraschende Einladung vermuten ließ. Seine Wahrnehmung vermischte sich auf einmal mit Vorstellungen, die seiner Fantasie entsprangen. Was sich in ihm meldete, ließ ihn leicht erzittern, so als gewahrte er plötzlich einen kühlen Luftstrom, der seinen wohlig warmen Körper erfasste.

Hoch ging es bei ihr bis in den vierten Stock, es gab keinen Fahrstuhl und sie war deutlich schneller oben. Dort zog sie ihn in eine leicht überschaubare Einzimmerwohnung mit einer bescheidenen Möblierung.

„Und das ist dein Sofa für Gäste?", versuchte er einen Scherz, den er sofort bedauerte. Ernst fügte er hinzu: „Ähnelt meiner damaligen Studentenwohnung, ehrlich!"

„Unter anderem ist es mein Bett, muss es nur aufklappen." Sie zog am Sitzpolster, sodass eine recht geräumige Liegefläche zutage trat. „Nicht sehr groß, aber funktional und bequem."

„Immerhin bequem", wiederholte er und schaute sich prüfend um. So sieht eine Studentenbude aus, wie meine damals, stellte er fest. Er strich über das Sofapolster und überlegte, ob er sich wirklich hinsetzen sollte.

„Setz dich ruhig", ermunterte sie ihn. „Ich hole mal etwas zum Trinken aus dem Kühlschrank. Willst du einen O-Saft?"

Sie klappte das Sofa nicht mehr zurück in seine ursprüngliche Form.

Als sie mit zwei Gläsern aus der abgeteilten Küche zurückkehrte, saß er auf ihrem Bett, seinen Rücken an die Wand gelehnt, die Beine vor sich ausgesteckt und seine Schuhe lagen auf dem Boden davor.

„Sitzt du bequem?", fragte sie und sah ihn beunruhigend neugierig an. Jedenfalls empfand er ihren Blick so. Er sollte endlich irgendwie reagieren, schoss es ihm durch den Kopf. Was, wenn ich jetzt hier einfach sitzen bleibe? Als sei er geistig eingezwängt, fehlten ihm die Worte. Und das Nachdenken schien jede prompte Antwort zu blockieren. Stattdessen nahm er das Glas O-Saft und prostete ihr damit zu.

„Na dann zum Wohl", erwiderte sie und behielt ihren Blick auf ihn gerichtet. „So siehst du mal, wie eine Studentin heute wohnt. Gefällt es dir?" Sie war näher an ihn herangerückt. Dabei zog sie ihre Beine auf das Sofa, sodass sie mit ihren Knien an seinen Oberschenkel stieß. Er zog sich nicht zurück, die Berührung verstärkte ein Kribbeln bei ihm, aber gleichzeitig beunruhigte ihn das. Er hielt seinen O-Saft fest, während die andere Hand fahrig über das Polster strich. Beide drehten sie sich so weit zueinander, dass ein Blatt Papier kaum glatt hindurchgerutscht wäre. Der Abstand ihrer Gesichter schien nahezu aufgehoben. Und dann zuckte sein Kopf doch zurück. Er richtete sich etwas auf und stellte sein Glas auf den Boden neben sich. Auch sie reagierte und zog ihre Beine fester an sich heran. Vielleicht erwartete sie, dass er reden würde, was aber nicht passierte.

„Du fühlst dich in einem Zwiespalt, nicht wahr?", fragte sie unvermittelt. „Fast verstehe ich das sogar. Und reden willst du auch nicht, stimmt's?"

„Maike", durchbrach er endlich mit erregter Stimme seine scheinbare Blockade. Immer noch schien ein Kloß im Hals das Atmen zu behindern. „Es ist eine ganz andere Situation hier, als ich sie erwartet habe. Es fällt mir schwer, mich jetzt zu entscheiden oder mich zu erklären. Das ist wohl kaum zu verstehen für dich, oder?"

„Sollte ich aber." Sie strich ihm sanft über seinen Arm.

„Es scheint so natürlich, so einfach zu sein. Ich denke aber, es liegt vor allem an dieser Atmosphäre hier mit dir allein in deinem Zimmer und ..." Er verstummte, erkennbar damit ringend, wie er den Satz beenden sollte. „Es ist besser, wenn ich jetzt gehe ... ich meine für mich."

„Ich werde ja bestimmt nicht gehen", sagte sie kurz lachend. Für einen Moment sah er Enttäuschung in ihrem Gesicht aufblitzen. Ihre Miene wandelte sich aber sofort wieder, zeigte sich mit einem mysteriösen Lächeln. Sie hatte nicht vor, ihm ihre Gefühle zu offenbaren. Sie erhob sich mit einem Ruck und wandte sich zur Wohnungstür. „Ich verstehe das schon, auch wenn es mich jetzt überrascht."

Er wollte gar nicht darüber nachdenken, ob er sich gerade wie ein Idiot lächerlich benahm oder die so anziehende Maike total enttäuschte. Allenfalls überlegte er, dass er um Haaresbreite eine Grenzlinie überschritten hatte. Wäre das fair gegenüber

Beate? Das Vertrauen zwischen ihnen brauchte solche Grenzen, da war er sich sicher.

Er folgte Maike zur Tür und dort küsste er sie schnell auf ihren Mund, bevor er ins Treppenhaus trat. „Ich höre dich so gern reden und singen", versuchte er noch etwas Nettes zu sagen. „Und ich gehe jetzt mit einem flauen Gefühl weg, gerade weil ich beginne, dich richtig zu mögen. Ins Lokal komme ich bestimmt immer wieder einmal."

„Das würde mich freuen", antwortete sie, was ehrlich klang. Sie blieb oben am Geländer stehen und verfolgte, wie er die Treppe hinunterging. „Danke, dass du mich nach Hause gefahren hast!"

Andreas war im Auto aufgewühlt und durcheinander. Die Fragen rumorten in ihm, und er beantwortete sie sich selbst. Was er bei Maike erlebt hatte, ließ sich gefühlsmäßig nicht wegdrücken. An ihrer Wohnungstür schien ihm alles noch klar gewesen zu sein. Auf einmal meldeten sich Gefühle, die ihm Naivität oder sogar Feigheit zuschrieben. „Was wäre denn groß passiert? Ok, ein Seitensprung. Das wäre es gewesen, mehr doch nicht!", redete er beim Fahren laut mit sich. Mit der wachsenden Entfernung zu Maikes Wohnung wuchsen bei ihm die Zweifel. „Hinterher ist man immer klüger", rief er, da hatte er schon seine Straße erreicht.

Mitten in der Nacht wollte er Beate nicht anrufen. Es wäre kaum gegangen, so aufgewühlt und verunsichert, wie er sich fühlte.

Als er sie am folgenden Tag nach der Arbeit anrief, nahm er erneut diese leichte Fremdheit in ihrer Stimme wahr. Ihr Reden klang vage, beziehungsweise hörte sich bruchstückhaft an, fast mechanisch empfand er es. Oder lag das an ihm? Andreas wollte das nach dem gestrigen Abend nicht ausschließen. *Die Ursache liegt wahrscheinlich bei mir selbst*, entschied er sich. Er hatte Maike geküsst und es hatte nicht viel gefehlt, dann wäre es nicht dabei geblieben. Ihr Interesse hatte sie ihm deutlich signalisiert.

Eine Woche fehlte noch, bis Beate zurückkehren würde. Das Studentenlokal mied er in den nächsten Tagen. Bewusst verabredete er sich mit seinen Kollegen und besuchte sogar seine überraschten Eltern.

Am Ende der dritten Woche war es so weit. Beate winkte ihm schon zu, als er sie vor dem Gepäckausgabeband erspähte. Das Ereignis mit Maike meinte er inzwischen verarbeitet zu haben. Es ist gar nichts passiert. Nichts, was du Beate verheimlichen müsstest, hatte er bei der Fahrt zum Flughafen mehrfach wiederholt.

Dann stand sie endlich vor ihm. Etwas linkisch schob sie ihm den Griff ihres Rollkoffers entgegen, sodass er sie gar nicht fest umarmen konnte.

„Ich bin so froh, dass du wieder da bist", versicherte er ihr und kämpfte mit seinen Emotionen.

„Mir geht es genauso", reagierte sie und endlich konnte er sie an sich drücken.

„War der Flug sehr anstrengend?", fragte er besorgt im Auto, weil sie gar nicht munter, sondern eher einsilbig auf seine Fragen einging.

„Ich hätte gern auf diese Dienstreise verzichtet", sagte sie, was ihn wunderte. *Wieso diese Reise,* stutzte er, unterließ es aber, nachzuhaken.

„Andreas, ich fühle mich tatsächlich nicht gut. Bist du sehr enttäuscht, wenn ich erst einmal schlafen gehe und, na du weißt schon ..."

Er musste es verstehen, es machte anders ja auch kaum Spaß. Sie zog sich tatsächlich bald nach ihrer Ankunft zu Hause ins Schlafzimmer zurück. Sie hätte noch eine Kleinigkeit für ihn, wollte ihm diese aber erst morgen aushändigen, waren ihre Worte, bevor sie verschwand.

Er machte sich Sorgen, weil sich doch so viele Menschen in dieser Zeit mit irgendeinem Virus ansteckten. *Hätten sie sich nicht am Flughafen testen sollen,* fragte er sich.

Beate wachte zu ungewohnter Stunde am frühen Morgen auf und weckte ihn durch die Unruhe, die sie beim Aufstehen verbreitete.

„Es ist noch so früh! Kannst du nicht mehr schlafen?"

„Sehr wahrscheinlich nicht. Ich gehe mal in die Küche und bereite mir einen Kaffee zu. Dann gebe ich dir auch mein kleines Geschenk, was ich mitgebracht habe."

Am Abend schliefen sie miteinander und er meinte einen richtig glücklichen Moment zu erleben. Wie er drauf war, hätte er keine Veränderung bei ihr verspürt.

Nach ein paar Tagen schien die gewohnte Leichtigkeit, das Interesse aneinander zurückzukehren. Ungewöhnlich empfand er ihre Einsilbigkeit oder sogar Unlust, über ihre Reise zu reden. Da vermittelte sie stets den Eindruck von einer öden und ermüdenden Zeit. Da sie bei früheren Dienstreisen eher munter von ihren Erlebnissen berichtet hatte, konnte er sich das nicht erklären. Er verzichtete aber darauf, tiefer in sie zu dringen, und begnügte sich mit dem, was sie ihm über diese Tage erzählt hatte.

„Glaube mir, da gab es nichts, was bei mir haften geblieben ist. Tagsüber sehr lange Besprechungen, abends immer allein im Zimmer. Fernsehen und telefonieren mit dir. Gut, dass ich wieder zu Hause bin", wiederholte sie.

Dann war das halt so, resignierte er nach einem Gespräch und wechselte von sich aus das Thema. So großes Interesse verspürte er selbst nicht an Fragen, wie er die Zeit verbracht hatte. Bald dominierten die üblichen Themen ihre Unterhaltung und der Sex mit ihr war wie vorher, jedenfalls empfand er das so.

Es waren inzwischen fast vier Wochen vergangen nach ihrer Rückkehr. Für ihn unerklärlich, meinte er Veränderungen bei ihr wahrzunehmen. Sie redete verhaltener, schien nicht selten abwesend und ihre Antworten auf seine Nachfragen, gaben ihm keine Erklärung. Sie wirkte auf einmal dünn, fast zerbrechlich, ihre Gesichtszüge muteten ihm blass mit zwei tiefen Furchen um ihren Mund und ihre Miene verriet Anstrengung.

Als sie am Samstagmorgen beim Frühstück saßen, sprang sie abrupt auf und presste ihre Hand vor das Gesicht. Deutlich hörte er, wie sie sich heftig im Bad übergab.

„Was ist denn mit dir los?", fragte er und versuchte, sie an sich zu ziehen, was sie aber abwehrte. Stattdessen machte sie kehrt und stürmte erneut ins Bad zurück.

„Ich muss dir etwas sagen", erklärte sie endlich, als sie wieder vor ihm stand. „Ich bin ..."

Sie sprach nicht weiter, weil er ohnehin zu wissen meinte, was so klar erschien und sie deshalb unterbrach.

„Du bist schwanger", rief er laut und ein glücklicher Schauer erfasste kurz seinen ganzen Körper. „Das ist doch toll, ich freue mich so … Es ist doch das, was wir uns wünschen!"

Er fasste ihre Hände, versuchte sie an sich zu ziehen, aber spürte ihren Widerstand. „Was ist los? Freust du dich denn nicht genauso?"

Sie wandte sich von ihm ab und versuchte Abstand zu finden. Es dauerte bei ihm, bis er ihre Miene sah. Diese zeigte keine Freude, sondern verzog sich unter Tränen. Ihr Blick ging an ihm vorbei, irgendwohin, wo er ihn nicht erwidern konnte.

„Dann ist es also dir auf dieser Dienstreise passiert?", fragte er völlig konsterniert. Er konnte jetzt nicht einmal weiterfragen, obwohl alles in ihm danach drängte, zu erfahren, was sie ihm verheimlichte.

29. Andersherum

Yasmine Meier

Wenn Ostern ist, kommst du als Hase.
Zum Zirkusbesuch mit Clownsnase.
Zu meinem Geburtstag als Torte um vier.
Und an Weihnachten als Rentier zu mir.
Ich nehme es ja hin, dass du so anders bist.
Aber nicht, dass du immer Fasching vergisst.

30. Enkelzeit

Herbert Wolf

Unsere Tochter Isa hatte uns gebeten, unseren Enkel Enrik eine Woche lang zu betreuen. Sie und ihr Mann würden dann auf einer Dienstreise unterwegs sein. Für meine Frau Maria und mich nicht ungewöhnlich. Solche Anfragen hatten wir in der Vergangenheit wiederholt angenommen. Enrik ist ein neunjähriger, aufgeweckter Junge, den wir natürlich von häufigen Besuchen her kennen. Bei der Zusage wussten wir noch nichts von einem Termin, den Maria wahrnehmen müsste und der sich mit der Betreuungszeit überschnitt.

„Das ist ja blöd, mein Termin liegt mitten in der Woche, in der wir Enrik betreuen sollen", erklärte Maria enttäuscht. „Da könnte ich allenfalls drei Tage später nachkommen."

„Ach was", widersprach ich. „Das wäre doch unsinnig. Es geht doch nur um Montag bis Freitag, am Freitagabend wollen unsere Kinder schon zurück sein. Enkel betreuen, damit kenne ich mich genügend aus, um das auch mal ein paar Tage allein durchzustehen."

Ich war mir sicher, hatte ich doch drei eigene Kinder mit großgezogen und mich mehrfach zusammen mit meiner Frau um die Enkel gekümmert. Was sollte da schief gehen?

„Schule hat er in der Zeit ohnehin, allzu viel unternehmen könnte ich mit ihm in dieser Jahreszeit auch nicht", ergänzte ich.

Dass sich mein gewohnter Rentneralltag in dieser Woche ändern würde, war mir klar. Pünktlich morgens aufstehen, Frühstück für Enrik vorbereiten, schauen, dass er rechtzeitig zur Schule kommt und einiges mehr, was ich sonst nicht bedenken musste.

„Na gut, dann fährst du dieses Mal allein hin", gab sich Maria zufrieden. „Hoffentlich unterschätzt du die Aufgabe nicht und kommst klar mit unserem Enrik."

Anders als ich unterschätzte sie nicht, was auf mich zukommen könnte. Sie sollte sich auch nicht irren! Nach dieser Woche kann ich das so ausdrücken: Was ich erlebt habe, wirkte auf mich zumindest partiell ähnlich wie ein Software-Update beim Computer. Gegenüber meiner eigenen Kindheit und der meiner Kinder, erfuhr ich, wie sich Interessen und Prioritäten in der Enkelgeneration nochmals weiter verändert haben.

Bei meiner Ankunft gab es zunächst den üblichen Begrüßungstrubel und natürlich hatte ich ein paar Kleinigkeiten, vor allem für Enrik im Gepäck. Später dann wiesen mich die Eltern in all die Punkte ein, die in den kommenden Tagen die Betreuung tangierten. Darunter die Zeiten für die Schule, Termine für Musikunterricht und Sportverein und schließlich auch noch, welche Klamotten der Junge für welche Gelegenheit am besten anziehen sollte. Isa ließ fast nichts unerwähnt und ich grübelte, ob sie vergessen hatte, wer ich war und dass ich mich mit meinem Enkel, wenn erforderlich, abstimmen könnte.

Als meine Tochter seinen Kleiderschrank öffnete, um ihren Vortrag quasi abzurunden, schritt ich ein.

„Isa, ich finde schon die richtigen Sachen und kann bestimmt auch Enrik fragen."

„Na gut! Lass dir nur nicht neue Regeln von Enrik einreden. Die geltenden Regeln kennt er und die sollten reichen."

„Hab' ich verstanden. Und über eure Handys seid ihr ja auch erreichbar", versuchte ich die Einweisungstour abzukürzen.

Enrik hatte diese Erklärungstour seiner Eltern nicht begleiten wollen. Klar, er hatte ja mein Geschenk. Wir fanden ihn im Wohnzimmer, wo er sich am Boden hockend damit beschäftigte.

„Das kriegen wir schon hin, nicht wahr, Enrik?", sprach ich ihn an.

„Klar, Opa", antwortete er brav, war aber doch nicht ganz bei uns.

Regeln, die gab es hier und sicher waren die durchdacht und erforderlich. Ich nahm mir aber vor, mich von ihnen nicht sonderlich leiten zu lassen. Ich malte mir eine Enkel-Opa-Beziehung aus, die ich großzügig und geduldig mit meiner Erfahrung und Wissen *beleben* wollte. Die Erziehung wollte ich lieber Enriks Eltern überlassen. Am Montagmorgen führte ich bereits die Aufgaben der Eltern aus, die vor Tagesanbruch zum Flughafen geeilt waren.

„Enrik isst gern Müsli morgens und trinkt dazu Orangensaft, keinen Kakao", klang mir die Erklärung meiner Tochter im Ohr. Und: „Du brauchst ihn nur zu wecken. Er zieht sich dann allein an und macht sich fertig für die Schule."

Enriks Schule begann zehn Minuten vor acht Uhr. Um rechtzeitig im Unterricht zu erscheinen, sollte ich ihn eine Stunde vorher wecken. Die Schule lag kaum fünf Minuten von seinem Elternhaus entfernt in der gleichen Straße. Bevor ich ihn in seinem Bett weckte, hatte ich kurz nachgerechnet, wie viel Zeit ich ihm geben musste.

„Enrik? Bist du wach? Du musst sofort aufwachen!", und dabei zweifelte ich, ob ich das Wort *sofort,* hätte verwenden sollen.

„Ja", rief er gedehnt, die Augen noch geschlossen, eingerollt in seiner Bettdecke, im Arm seinen Stoffhasen zum Kuscheln.

„Also du stehst jetzt auf, während ich mich schon um das Frühstück kümmere. Komm dann bitte runter, wenn du angezogen bist."

Ich lief ins Erdgeschoss in die Küche, fand Müsli, Milch und Orangensaft und deckte den Esszimmertisch. Für mich bereitete ich einen Kaffee zu. So früh morgens mag ich selten etwas essen. Dann Warten, Blick auf die Armbanduhr, wo bleibt er denn?

„Enrik! Wo bleibst du?", rief ich im Treppenhaus nach oben. Da keine Antwort kam, rief ich noch einmal und das lauter. Dann hielt ich es für besser, nach oben zu gehen.

„Sag mal Enrik, du liegst immer noch im Bett! In zwanzig Minuten beginnt der Unterricht", rief ich und zog an seiner Bettdecke.

„Opa, lass das! Ich mach mich doch gleich fertig", knurrte er regelrecht unwillig.

„Gut, aber beeile dich jetzt mal!", beschwor ich ihn. Meine Zweifel waren nun deutlich vernehmbar.

Ich strengte meine Erinnerung an, wie es in meiner Schulzeit gewesen war. In seinem Alter schlief ich mit meinem älteren Bruder in einem Zimmer, wir wurden gleichzeitig geweckt und es konnte schon mal Ärger geben, wenn unsere Mutter oder der Vater noch einmal zum Wecken hereinkommen mussten.

„Mann, wie lange braucht er denn?", redete ich mit mir in Sorge, dass es inzwischen bestenfalls nur noch zehn Minuten waren bis zum Unterrichtsbeginn. „Und das gleich am ersten Tag."

Enrik erschien zwar nur lausig gekämmt, aber ansonsten annehmbar für die Schule. Nur kurz überflog er, was ich auf dem Esstisch bereitgestellt hatte.

„Müsli? Das esse ich jedenfalls nicht", erklärte er bestimmt. Wenigstens trank er das Glas Orangensaft zur Hälfte aus.

„Hast du meine Wasserflasche und mein Pausenbrot schon eingepackt?", fragte er mit Blick auf die offene Schultasche.

„Wasserflasche? Wo ist die?" Ich hatte keine Ahnung, dass er eine hatte, Isa hatte sie nicht erwähnt.

Enrik ging in die Küche und kam gleich wieder zurück.

„Da ist sie nicht", überlegte er. „Ich glaube, die habe ich letzten Freitag in der Schule vergessen. Egal, die suche ich dort."

„Du musst los, und zwar sofort", rief ich etwas aufgebracht. Ihm blieben noch fünf Minuten, bestenfalls. Mir fiel ein, dass man Kinder vor dem Gang zur Schule beruhigen und keinesfalls aufregen sollte. Also Opa, ganz ruhig!

„Opa, kannst du mich nicht fahren? Sonst komme ich zu spät", bat er mich.

„Was, die paar Meter?", widersprach ich sofort. Ehe wir mein Auto …

„Opa, wir haben keine Zeit, bitte", er rief das so nachhaltig, dass ich jeden weiteren Einwand unterließ.

Ich habe ihn gefahren, aber zu spät sind wir dann doch bei der Schule angekommen. Mit dem Auto hatten wir erwartungsgemäß nichts gewonnen.

„Das muss er dem Lehrer selbst erklären", sagte ich zu mir etwas grimmig auf der kurzen Rückfahrt.

Die Affinität von Kindern, auch schon seines Alters, für jede Art von elektronischen Geräten, ob Smartphones oder Tablets, hatte ich unterschätzt, vielleicht war sie mir gar nicht bekannt gewesen. Uns fällt kaum noch auf, wie sehr wir selbst an diesen Geräten kleben.

Als Enrik nach fünfzehn Uhr am Nachmittag aus der Schule zurückkehrte, galt sein Interesse nicht dem von mir zubereiteten Essen. Er zeigte nicht mal sonderliches Interesse für meine Fragen, wie der Schultag verlaufen wäre und ob es etwas Besonderes gegeben hätte. Er hatte da auf dem Sofa, wo ich vorher gewartet hatte, mein Tablet erblickt und nach dem fragte er.

„Ich esse erst nachher, bin jetzt nicht hungrig, weil ich in der Schule mein Pausenbrot vollständig aufgegessen habe. Hat wirklich gut geschmeckt, Opa. Kannst du mir dein Tablet ausleihen? Nur eine halbe Stunde, bitte."

„Mein Tablet kann ich dir leihen, allerdings wie ist das mit Hausaufgaben? Hast du welche?"

„Nur wenige, mach' ich nachher, das geht ja schnell", erwiderte er und streckte fordernd die Hand nach meinem Gerät aus.

Ich überlegte, ob ich seiner Aussage einfach trauen sollte. Den Morgen hatte ich noch deutlich in Erinnerung.

„Gut, dann nimm mein Tablet. Aber nicht zu lange, du musst ja die Hausaufgaben machen", lenkte ich ein. „Eine halbe Stunde, ist das ok?"

„Ok!" Und damit verschwand er mit meinem Tablet in seinem Zimmer im oberen Stockwerk, nicht ohne noch das Passwort zu erfragen. Ich hörte nur, wie er seine Zimmertür verschloss.

Gut, er kommt von der Schule. Klar, dass er da erst mal eine Pause braucht, redete ich mir ein und räumte etwas enttäuscht den Tisch ab mit meinem extra für ihn vorbereiteten Menü, Spaghetti mit Tomatensoße plus Hackfleischeinlage und Parmesankäse.

Ich legte mich etwas auf die Couch, versuchte aber nicht einzuschlafen. Zumindest wollte ich Enrik allenfalls eine Stunde für die Pause mein Tablet überlassen.

Es klingelte plötzlich und jemand polterte die Treppe runter zur Eingangstür. War ich also doch eingeschlafen! Ich schoss von der Couch hoch.

„Wer ist denn da gekommen?", rief ich nach oben und schaute auf die Armbanduhr. Mindestens eine Stunde war inzwischen vergangen und Enrik war natürlich nicht bei mir unten erschienen.

„Leon ist gekommen, ein Klassenkamerad", rief er laut von oben nach unten ins Erdgeschoss.

„Enrik, kannst du mal kurz kommen? Ich muss mit dir reden", befahl ich jetzt doch ungeduldig geworden an der Treppe.

Er kam zum Treppenabsatz, blieb aber oben. „Was ist denn?", fragte er. „Mein Klassenkamerad ist gekommen, Opa."

„Hör mal, du hast weder etwas gegessen noch wahrscheinlich damit begonnen, deine Hausaufgaben zu erledigen", erklärte ich. „Außerdem hattest du mir versprochen, mein Tablet zurückzubringen. Das war vor mehr als einer Stunde."

„Opa, das habe ich vergessen zu sagen. Leon wollte mich heute besuchen. Er hat das Tablet seiner Mutter dabei und wir wollen zusammen spielen. Also brauche ich dein Tablet noch. Hunger habe ich nicht und Schularbeiten mache ich nachher, versprochen."

Er ließ mir keine Chance, mit ihm zu diskutieren. Wie ich mit der Situation umgehen sollte, musste ich mir erst mal überlegen. Ich hielt es nicht für schlau, ihn oben zur Rede zu stellen. Im Beisein seines Freundes wollte ich ihn nicht an seine Aufgaben erinnern und entschied, ihm eine weitere Stunde zu geben. Dann würde sich dieser Leon sicher verabschieden, schon wegen der anbrechenden Dunkelheit.

Ich vermisste in diesem Moment mein Tablet, obwohl mir kein wirklicher Grund einfiel. Das hätte mir auffallen müssen. Etwas unschlüssig zog ich stattdessen das Smartphone aus der Tasche und kontrollierte ersatzweise meinen E-Mail-Postkasten. Weder Enriks Eltern noch meine Frau hatten sich bisher gemeldet.

Es war bereits sechs Uhr und Leon war immer noch da. Die beiden Jungs hatten sich kurz am Kühlschrank in der Küche bedient, waren aber sofort wieder in Enriks Zimmer verschwunden. Das Telefon läutete.

„Ich bin die Mutter von Leon, Frau Hermann. Sie sind sicher der Opa", sagte eine Frau im Alter meiner Tochter. „Ist mein Sohn noch bei Ihnen?"

„Ja, der ist noch hier. Wollen Sie ihn sprechen?", fragte ich hoffnungsvoll. Jetzt holen seine Eltern ihn gleich ab!

„Nein, das ist nicht nötig. Aber könnten Sie ihn jetzt nach Hause schicken, denn es ist ja schon spät und er muss ja den Bus nehmen."

„Stimmt, und es regnet jetzt auch", erklärte ich. Dann hatte ich einen Einfall, eigentlich nur eine höfliche, gar nicht wirklich ernst gemeinte Idee.

„Sollte ich Leon nicht besser nach Hause fahren, wenn Sie weiter entfernt wohnen?"

„Ach, das wäre ja toll, vielen Dank", zeigte sich Leons Mutter erfreut. „Mein Mann ist noch bei der Arbeit und er fährt unser Auto ..."

Zu meiner Erleichterung konnte ich die beiden Jungs ohne Widersprüche einsammeln. Dass ich Leon in Enriks Begleitung nach Hause fahren wollte, fanden beide offenbar selbstverständlich.

Meine Frage an Enrik, wann er denn gedenke, die Hausaufgaben zu erledigen, beantwortete er nahezu routiniert. „Die muss ich erst für übermorgen machen, da habe ich ja morgen noch Zeit."

Vielleicht war es die Leuchtschrift von McDonalds, dass die beiden Jungs wie aus einem Mund riefen: „Können wir nicht noch schnell beim Drive thru Burger kaufen. Essen wir gleich im Auto. Wir haben nämlich Hunger."

Das haben wir dann auch noch erledigt. Für mich bestellten sie eines der Menüs, da ich mich etwas tapsig beim Ordern anstellte. Das fanden die Jungs zum Lachen.

„Mann, Opa, lass uns das mal machen!", rief Enrik echt belustigt.

Am Abend gab es dann eine Diskussion, wann Enrik zu Bett gehen sollte. Diese ging unentschieden aus. Enrik ging nicht allzu lange nach der von den Eltern verkündeten Zeit in sein Bett. Dafür überließ ich ihm zum Schlafengehen mein Tablet.

Später habe ich mir angesehen, was der Junge auf dem Tablet alles an Apps geöffnet, beziehungsweise heruntergeladen hatte. Es war nichts Dramatisches oder Jugendgefährdendes darunter. Es waren Spiele, deren Aufmachung mir teilweise etwas wirr erschienen. Zum Beispiel hatten die beiden Jungs *Zooba*, *Brawlstars*, *Among us* und *Guardian Tales* gespielt. Mein Versuch, eines dieser Spiele selbst mal auszuprobieren gelang zwar, aber löste bei mir keinen Reiz aus.

Was ich nach diesem Tag bedauerte, war, dass ich kaum Gelegenheit gefunden hatte, mich mit Enrik zu unterhalten oder sollte ich besser sagen, sein Interesse für ein Gespräch mit seinem Opa zu wecken. Ob ich das der Beschäftigung mit dem Tablet zuschreiben sollte, wollte ich an diesem Abend nicht entscheiden. Morgen würde ich mir mein Tablet einfach früher zurückholen. Andererseits hatte er morgen einen reichlich eng getakteten Zeitplan. Nach Schulschluss musste er erst zur Musikschule und am Abend zum Basketballtraining.

Ich schaute mir noch mal seinen Tagesplan für die Woche an, der am Kühlschrank angeheftet war. Auch an den anderen Tagen gab es nachmittags mindestens einen Termin für ihn. Sicher waren das eher Freizeitbeschäftigungen, abgesehen von der Musikschule, aber richtig frei von Terminen nach den Schulstunden war er nicht. Trotzdem wollte ich ihn morgen nach der Schule zum Essen am Tisch animieren, vielleicht sogar mit etwas *sanftem Druck*, so wie: „Danach gebe ich dir auch das Tablet."

Und für den Abend wollte ich mir ebenfalls etwas ausdenken. Hatten wir in seinem Alter nicht Brettspiele gemocht, fiel mir ein.

Als schon sehr spät seine Eltern anriefen und sich erkundigten, wie es gelaufen sei, musste ich nicht überlegen, was ich sagen sollte.

„War alles in Ordnung. Euer Enrik macht es prima, braucht kaum meine Unterstützung."

„Das freut uns, Papa. Bei dir zeigt er sich doch sehr vernünftig, das ist nicht immer so", erklärte meine Tochter und lachte dabei.

Was mir in den Tagen mit Enrik und seinen Freunden klarer wurde, ist: Kindern seines Alters kann man nur mit Geduld und Beharrlichkeit in ein Gespräch ziehen. Und das gilt auch, wenn man sie für gemeinsame Aktionen gewinnen will. Elektronische Geräte mit Spielen haben nicht nur eine große Anziehungskraft, sie sind schlicht vergleichbar mit dem, womit sich meine Generation als Schüler beschäftigt hat. Das waren Bücher, Brettspiele, Spiele überhaupt, die allerdings häufiger im Freien stattfanden. Diese Faszination für elektronische Geräte hielt ich nicht für ein wesentliches Problem. Problematisch erschien mir nur, dass sie Enrik und seinen Freund vorwiegend in seinem Zimmer festhielt. Meine Generation hatte es weit mehr ins Freie gezogen, meinte ich mich zu erinnern.

Wie ich es schon geahnt hatte, der nächste Tag war voll ausgefüllt. Ich wurde wegen Enriks Terminen vor allem als Fahrer benötigt. Richtig Freude kam bei mir auf, als ich Enrik beim Basketballspiel beobachten konnte. Hatte nicht vermutet, dass er mit seiner Größe schon so sicher in den Korb werfen könnte.

„Das war ja toll, wie du gespielt hast", erklärte ich. Er antwortete auf dem Rücksitz kaum. Stattdessen beobachtete ich im Rückspiegel, wie er auf einmal einschlief. Da war es fast neunzehn Uhr. „Dann wirst du sicher gleich ins Bett wollen."

Das vermutete ich in der Annahme, da der heutige Tag für Enrik recht anstrengend gewesen war, und er war ja auch früh aufgestanden. Ich musste ihn dann eine Viertelstunde später fast ins Haus tragen, weil er nicht aufwachte.

Notgedrungen legte ich ihn auf der Couch im Wohnzimmer ab.

„Kannst du noch mal den Fernseher anmachen, Opa?", bat er mich, wobei er sich so aufrichtete, dass er bequem fernsehen konnte, die Fernbedienung lag in seiner Hand.

„Dachte, du bist richtig müde", erklärte ich irritiert.

„Ich schau nur ganz kurz, während ich etwas esse", erklärte er. „Bringst du mir etwas? Eine Brezel mit Butter."

„Mache ich, aber bitte suche dir jetzt keinen Film aus, es geht auf halb neun zu. Morgen musst du ja wieder früh raus."

Als ich wenige Minuten danach mit einer Butterbrezel zurück war, hatte sich mein Enkel schon in irgendeinen Film vertieft. Nur geistesabwesend griff er nach der Brezel und bedankte sich.

„Ist das ein Spielfilm?", fragte ich neben der Couch stehend.

„Opa, das ist ´ne Serie, die sind ganz kurz, bestimmt."

Was er da sah, hatte er sicher in der Mediathek ausgesucht.

„Wie lange geht denn so eine Serie?", wollte ich zunehmend zweifelnd wissen.

„Die sind ganz kurz!", erklärte er unwillig.

„Höchstens eine Folge, hörst du. Dann gehst du aber sofort nach oben und schläfst", erklärte ich ihm. „Ich gehe schon mal hoch in dein Zimmer und bereite dein Bett und die Sachen für morgen früh vor. Du kommst dann hoch, wenn die Folge aus ist!"

Dass die Folgen einer Serie kurz sein können, bezweifelte ich aus eigener Erfahrung. Ich kenne ja einige aktuelle Serien, die ich selbst ab und an verfolge.

Oben richtete ich sein Bett und seine Kleidung her, darauf hoffend, dass es dann schneller gehen könnte.

Ich rief nach unten, wiederholte das Ganze lauter, weil Enrik nicht sofort reagierte.

„Gleich, Opa, ist in einer Minute zu Ende", rief er seinerseits von der Couch aus nach oben.

Endlich kam er dann und beeilte sich tatsächlich, schnell in sein Bett zu kommen.

„Opa, gute Nacht." Er wirkte so, als wünschte er sich regelrecht ins Bett zu kommen. Er rollte sich dann sofort zur Seite, wollte nur, dass das schwache Licht seiner Nachttischlampe eingeschaltet blieb.

Es war jetzt doch schon deutlich nach einundzwanzig Uhr, also später als es seine Eltern gewünscht hatten.

Jetzt wollte ich es mir selbst vor dem Fernseher auf der Couch bequem machen. Doch da vermisste ich mein Tablet. Zumindest am Abend wollte ich die E-Mails durchsehen, die mich erreicht hatten.

Wo war es? Ich war überzeugt, dass ich es ins Wohnzimmer mitgenommen hatte. Mein Blick fuhr über den Couchtisch, streifte die Kommode, und suchte auf den Plätzen, die ich so einsehen konnte. Dann stand ich noch mal auf, sicher, dass das Gerät hier im Erdgeschoss zu finden sein müsste. Oder nicht?

„Also dann doch", redete ich mit mir. Oben lauschte ich an Enriks Zimmertür. Es kam zu einer kleinen Auseinandersetzung mit meinem Enkel, der das Tablet doch nur noch zum Einschlafen benötigen würde.

„Nein! Jetzt ist Schluss, gib das Tablet her!", machte ich unmissverständlich klar. Ich setzte mich durch, auch wenn ich ihm das Tablet mit etwas Gewalt entreißen musste. Immerhin willigte ich ein, dass er noch Musik hören wollte.

„Deshalb ist er vorhin so bereitwillig in sein Bett gekrochen", redete ich mir ein. „Morgen werde ich da schlauer sein."

Am folgenden Morgen musste ich ihn wecken, war aber erstaunt und gleichermaßen zufrieden, weil sich Enrik entgegen meiner Befürchtung, zügig für die Schule fertig gemacht hatte. „Dieses Beharren auf feste Zubettgehzeiten wird von Eltern zu ernst genommen", überlegte ich. „Es geht auch etwas entspannter."

An diesem Nachmittag hatte Enrik keine Termine und auch keine Hausaufgaben zu erledigen. Er schlug von sich aus vor, mir etwas die Stadt zeigen zu wollen.

„Gut, das würde mir auch gefallen", stimmte ich zu. Lange würden wir wahrscheinlich nicht herumlaufen können, es war ziemlich ungemütlich geworden an diesem Nachmittag.

„Opa, wir sollten mal in dieses Kaufhaus reingehen, da ist es warm und die haben ganz oben ein Restaurant, da könnten wir etwas trinken", schlug er vor.

Die Kaufhauskette kannte ich und uns bei denen ins Warme zu flüchten, fand ich eine gute Idee. Weihnachten war auch nicht mehr lange hin, und überall zeigte sich das bereits durch die Dekoration. Wir fuhren also mit der Rolltreppe hoch bis in den vierten Stock.

„Komm mal mit, Opa", sagte er auf der Rolltreppe. Dann zog er mich am Arm mit sich. Wir waren in der Elektronikabteilung gelandet, das Restaurant lag ebenfalls auf dieser Etage, gleich nebenan.

„Ich will hier nichts kaufen", erklärte ich widerstrebend.

„Ich will dir doch nur etwas zeigen, nun komm schon", erwiderte er und zerrte nochmals an meinem Arm.

Was er mir zeigen wollte, hielt er kurze Zeit später in den Händen.

„Dieser Kopfhörer funktioniert kabellos, Opa, das ist genau das, was ich brauche."

Ich schielte einmal auf den Preis und nahm das Gerät tatsächlich in die Hand.

„Weißt du, was das kostet?", fragte ich eher in Ablehnungsmodus.

„Es ist doch bald erster Advent und dann Nikolaus. Da schenkt ihr mir doch immer etwas. Bitte, ich würde mich wirklich riesig freuen."

Mögen andere Opas standhafter sein, ich war es nicht. „Aber das kriegst du erst im Advent", bestand ich auf einen Kompromiss.

„Klar", willigte er ein und schaute dabei schon auf seine Uhr. „Ich habe etwas vergessen. Leon hat mich heute Nachmittag zu sich eingeladen. Es ist ja schon spät. Kannst du mich nicht bei ihm vorbeifahren?"

Der Bitte folgte ich, weiter in der Stadt herumlaufen wollte ich auch nicht.

Als Isa und Theo am Freitagmittag zurückkehrten, war ich fast etwas unmutig, hatte wahrscheinlich gehofft, dass ich mit Enrik noch bis zum Abend allein sein würde. Darüber tröstete mich auch nicht der sehr teure Whiskey, den die Eltern mir als Dank mitgebracht hatten.

Meine Frau rief an und wollte wissen, ob ich morgen wie geplant, zurückkehren würde. „Doch, ja", erklärte ich wortkarg.

„Alles in Ordnung mit dir und unserem Enkel?", fragte sie nach.

„Das war doch klar. Schließlich kümmere ich mich nicht zum ersten Mal um Kinder oder Enkel", versicherte ich. Ich glaube, so wie mich am folgenden Morgen Enrik beim Abschied umarmte, hatten wir wohl ähnlich empfunden.

„Bis bald", sagten wir fast gleichzeitig.

31. Traumzeit in Island

Herbert Wolf

Es war der sechste Tag unserer Radtour in Island. Mein Freund Henning und ich aus Norddeutschland sahen dem nächsten schweren Tag auf unserem Trip entgegen. Wir hatten uns für diese Tour entschieden, um uns einen Traum zu erfüllen. Die Tourenbeschreibung hatte uns Erlebnisse versprochen in faszinierenden Landschaften mit Gletscherfeldern, sprudelnden Geysiren, heißen Lavafeldern und gigantischen Wasserfällen.

Wir waren erfahren, mit unseren Rädern waren wir mindestens einmal im Jahr in Deutschland oder in benachbarten Ländern unterwegs gewesen. Solche Fahrten waren ein fester Bestandteil unserer gemeinsamen Ferienplanung. Das Radeln von Ort zu Ort, dabei wechselnde Landschaften genießen, liebten wir. Und für uns war es wichtig, uns körperlich anstrengen zu müssen.

Dieses Mal sollte die physische Belastung für uns das übersteigen, was wir bisher auf unseren Touren hatten bewältigen müssen. So schrieben es zumindest die Reiseunterlagen. Vielleicht waren diese Hinweise sogar entscheidend dafür, dass wir uns für Island entschieden hatten. Die Strecken auf unseren Mountainbikes sollten uns nicht nur Zugang zu touristischen Highlights erschließen, sie sollten auch unsere Leistungsfähigkeit testen.

Starten würden wir in Reykjavik und dann zunächst ein Stück dem Rundweg in Sichtweite der Küste folgen. Von da aus sollte es uns ins Landesinnere, hinauf auf das Hochland führen. Den Informationen zufolge, gab es eine ganze Reihe von Straßen oder Wegen, die ins Hochland führten. Unterwegs würden wir möglichst alle beschriebenen Ziele aufsuchen. Anfang Mai wollten wir starten wegen des Hinweises, dass dann Straßen ins Innere der Insel noch weitgehend intakt wären. Später, so hatten wir gelesen, würden durch die schweren Offroad-Fahrzeuge der Touristen, die Wege und Straßen häufig ruiniert werden.

„Die Routen ins Innere oder ins Hochland sind wohl eher Schotterpisten. Aber das kennen wir auch von anderen Touren. Mit unseren Mountainbikes sollten die für uns kein Problem darstellen", hatte ich bei unserer Routenplanung erklärt.

In Reykjavík gestartet, hatten wir zunächst wenig Mühe, unser erstes Etappenziel zu erreichen. Der Reiseführer hatte uns das Ziel, Þingvellir, empfohlen. Nur unser Gepäck, zwei große Radtaschen hinten und zwei kleinere am Vorderrad, überstieg spürbar, was wir sonst stets mitgeführt hatten. Wir planten nicht, auf komfortabel ausgestatteten Campingplätzen zu übernachten, wo es in der Regel Servicehäuser und kleine Läden gab, sondern wenn nötig einfach im Freien. Dementsprechend hatten wir uns ausgerüstet.

Das Wetter war am ersten Tag wohltuend warm und trocken, was unsere Laune deutlich steigerte. Vielleicht dachten wir sogar, dass einige Reiseführer mit ihren pessimistischen Wettervorhersagen arg übertrieben hätten. Aber es blieb natürlich nicht so. Tage mit heftigen Regenschauern, böigem Wind, der uns gelegentlich von den Rädern zwang und einer Kälte, die die Finger steif werden ließ, folgten. Wechselhaft war das Wetter allemal, und damit lagen die Islandkenner richtig.

Schnell folgte eine weitere Einsicht. Dass Schotterpisten hier etwas *großzügiger* definiert wurden, als wir es erwartet hatten, mussten wir zur Kenntnis nehmen. Oft erlebten wir diese Pisten von SUV-Reifen aufgewühlt und zerfurcht mit lockerem Sand, der uns ausbremste. Nicht selten konnten wir dann unsere Mountainbikes nur vorwärtsschieben.

Ich hatte mich sogar einmal so festgefahren, dass ich über meinen Lenker kopfüber zu Boden stürzte. Entsprechend fühlten wir uns mehrmals am Etappenziel völlig ausgelaugt und krochen ohne Abendessen sofort in unsere Schlafsäcke. An Aufgeben dachten wir nicht. Im Gegenteil, wir bestärkten uns darin, dass die Eindrücke auf den Etappen einfach einmalig waren und uns für die Anstrengungen voll entschädigten.

Es war Zeit zum Aufstehen. Allerdings war ich müde, und im Gesicht um meine Augen herum zeigten dunkle Ringe mehr, als ich über mein augenblickliches Wohlbefinden hätte sagen können. Ich war erschöpft, wogegen ich anzukämpfen versuchte.

„Los! Wir müssen weiter", rief ich und stand mit einem Ruck auf meinen Beinen.

Mein Freund Henning drehte sich in seinem Schlafsack auf die Rückenlage, blinzelte und brummte irgendetwas. Vielleicht fluchte er auch leise.

„Wie spät ist es deiner Meinung nach?", wollte er wissen.

„Vielleicht sieben oder kurz danach. Meine Uhr funktioniert ja nicht mehr. Ist bei meinem kleinen Unfall augenscheinlich beschädigt worden", antwortete ich, während ich meinen Schlafsack bereits zusammenrollte. „Es ist ja auch nicht so wichtig. Wir sollten daran denken, dass wir heute mindestens sieben- oder achthundert Höhenmeter erklimmen müssen. Genau habe ich es nicht in Erinnerung. Klingt gar nicht so viel, aber wir wissen ja inzwischen, wie die Wege hier beschaffen sind. Uns erwartet oben eines der schönsten Täler wahrscheinlich in ganz Island: Landmannalaugar!"

„Landmannalaugar", wiederholte Henning mit müder Stimme, unentschlossen, seinen Schlafsack zu verlassen. „Meinst du, dass wir dann den schwierigsten Teil unserer Radtour geschafft haben?"

„Du denkst doch nicht, dass es dann für die letzten beiden Etappen wirklich leichter wird?"

„Hör besser auf", warnte Henning. „Ich habe oft Mühe, mein Rad irgendwie auf der Spur zu halten. Muss ich wirklich nicht bis zum Schluss haben."

Er stieß einen unbestimmten Laut aus und krabbelte endlich aus seinem Schlafsack.

„Ich koche mal Wasser, wenigstens sollten wir uns einen Kaffee gönnen", versuchte ich ihn etwas aufzumuntern.

Es mussten noch mehr als zehn Kilometer sein, bis die Strecke dann steil ansteigen würde. So hatte es der Reiseführer beschrieben. Wenn wir diesen Anstieg gepackt hätten, würde eine Schotterstraße uns in sanften Schleifen hinab in ein wunderschönes, sechshundert Meter hoch gelegenes, von Berghängen umrahmtes Tal führen. Dort gab es heiße Quellen zum Baden, eine Herberge mit Duschen und einer Küche und genügend Platz zum Zelten.

„Unser Lohn ist dann ganz früh am Morgen ein fantastischer Blick vom Tal aus zu den Bergrücken, die im Sonnenlicht in den herrlichsten Farben, rötlich, gelbbraun oder grünlich leuchten sollen", schwärmte ich, um meinen Freund stärker zu motivieren.

„Wenn das nicht stimmt, wird es wohl für mich der Umkehrpunkt sein. Dann suchen wir einen direkten Weg zur Ringstraße und nehmen einen Bus", erwiderte Henning nicht ganz ernst gemeint. Er stand jetzt neben mir und schien zu frieren. Er hatte sich seinen Schlafsack umgelegt und vorn geschlossen.

„Angezogen bist du aber schon?", fragte ich und musterte ich ihn von oben bis unten.

„Yes Sir! Ich packe den Schlafsack gleich zusammen, dann können wir auch losradeln. Danke für den Kaffee!"

So richtig konnten wir im noch wabernden Nebel die vor uns liegende Bergkette nicht ausmachen.

„Hoffentlich legt sich dieser Dunst bald, damit wir uns nicht auch noch verfahren", erklärte ich und blies die Flamme des kleinen Spirituskochers aus. Dann begann ich, alles in der Fahrradtasche zu verstauen.

„Unser vieles Gepäck, das drückt die Reifen erst recht tief in den Sand", beklagte ich mich dabei.

Hennig antwortete darauf gar nicht. Wenn wir alles zusammenaddierten, so fuhr jeder von uns mit mehr als fünfunddreißig Kilo plus dem auch nicht leichten Mountainbike, hatte ich ausgerechnet. Das war Henning im Moment allerdings weniger wichtig. Jetzt dachte er an den Anstieg und die Schotterpiste. Insgeheim rechnete er ohnehin damit, dass wir beide die Räder beim Anstieg unter Umständen schieben müssten. Bei einer unserer Etappen hatten wir über etliche Hunderte Meter, mit bis zu fünfzehn Prozent Steigung meistern müssen, was wir nur mit Pausen geschafft hatten.

„Das können wir nicht ändern. Ändern könnten wir allenfalls unsere Strecke, heißt, wir fahren zurück zur Ringstraße", murmelte er so leise, dass es sein Freund gar nicht mitbekam.

„Dieses Tal im Hochland wird möglicherweise der Höhepunkt unserer Islandradtour werden. Komm Junge, das packen wir heute und morgen geht's schon Richtung Reykjavik", erklärte ich, um gar keine Diskussion aufkommen zu lassen.

Dann ging es los, ich fuhr voran. Ich hatte vorn am Lenker einen Halter für die Karte befestigt. Eine andere Orientierungshilfe hatten wir nicht. Vielleicht hatten wir in der Nacht tatsächlich wieder Kraft zurückgewonnen, es fuhr sich für uns zunächst besser, als wir es erwartet hatten. Die Strecke verlief fast eben oder zeigte nur geringe Steigungen. Unsere Stimmung stieg so, dass Henning anfing, einen populären Schlager nachzusingen, und da er sich an den Songtext nur ungefähr erinnerte, wiederholte er dabei mehrfach, was ihm noch einfiel.

„Hast du eventuell noch einen anderen Song parat, dessen Text du besser in Erinnerung hast?", unterbrach ich ihn schließlich genervt.

„Sing doch selber mal was", gab Henning zurück und wechselte tatsächlich zu einem anderen, viel älteren Schlager. Bei unseren früheren Touren hatte er oft ein iPod bei sich getragen, das vermisste er jetzt.

„Da vorn gabelt sich diese Straße", rief ich Henning zu. „Da sollten wir nochmals unsere Karte genau studieren. Wenn wir uns hier verfahren, könnte es Stunden dauern, bis wir einen Fehler korrigiert haben."

An der Weggablung gab es keinerlei Wegweiser und die Karte zeigte nicht so eindeutig, wie wir weiterfahren sollten. „Direkt weiter geradeaus geht es sofort hoch. Die andere Strecke nach rechts, kurvt entlang dieser Bergkette. Dann sehe ich noch eine Straße, die ebenfalls nach oben zu führen scheint", erklärte ich. „Welche ist für uns einfacher, falls uns beide zum Tal führen würden?"

Henning schaute geradeaus mit Blick auf den Anstieg.

„Also wenn ich diesen Anstieg sehe, würde ich schätzen zwölf Prozent Steigung. Ich würde es vorziehen, nach rechts abzubiegen."

In diesem Moment tauchte von oben vom Abhang ein SUV auf und hielt neben uns.

„Wohin wollen Sie?", fragte uns der Fahrer auf Deutsch.

„Sie kommen aus Deutschland?", rief Henning ungläubig.

„Hört man das nicht? Aus Berlin! Wir, also meine Familie verbringen hier einen Teil unseres Urlaubs. Die Insel fasziniert uns jedes Mal aufs Neue. Sind schon zum dritten Mal hier", erzählte der Berliner. „Und Sie, wohin wollen Sie?"

„Wir wollen nach Landmannalaugar! Jetzt sind wir unsicher, welche Strecke wir nehmen müssen", klärte ich ihn auf.

„Mit dem Fahrrad? Nach Landmannalaugar? Fantastisches Ziel, aber da haben Sie sich nicht den besten Tag ausgesucht. Ich komme gerade daher, wir zelten dort. In den letzten beiden Tagen hat es hier richtig gegossen, das heißt, die Straße ist aufgeweicht und es gibt eine ganze Reihe Bäche, die Sie mit Ihren Rädern durchqueren müssen, leider. Mit meinem SUV ging das gerade so."

„Ginge es auch, wenn wir uns für rechts entschieden?", fragte Henning hoffnungsvoll.

„Nee, nicht wenn Sie heute noch Landmannalaugar erreichen wollen, tut mir leid. Die Bäche sind aber nicht so breit und tief, nur ziemlich kalt."

„Also los, Henning, wir nehmen die direkte Strecke. Notfalls müssen wir halt absteigen und schieben, auch durch die Bäche", erklärte ich entschlossen. Dann dankte ich dem Berliner für seine Auskunft und stieg wieder auf mein Rad.

So eine Information kann *Berge versetzen* oder halt auch auftürmen. Genau das war jetzt bei uns beiden auf unterschiedliche Weise der Fall.

„Ich frage mich, warum wir uns das antun", schimpfte Henning leise vor sich hin und ich bemühte mich, das nicht hören zu müssen. Ich wollte es nach oben schaffen, langsam und in einem niedrigen Gang, aber immerhin im Sattel. Das Mountainbike schwankte, drohte mehrfach fast nach rechts oder links auszubrechen, aber ich kam voran. Auch Henning folgte mit geringem Abstand. Erst als die Steigung etwas flacher wurde, hielten wir beide, um tief durchzuatmen. Wir nickten uns zu. „Weiter!"

„Ja, los!", stimmte Henning zu. „Bald geht es ja hoffentlich wieder abwärts."

Die Oberschenkel schmerzten, die Hände verkrampften sich regelrecht am Lenker, der unbedingt gerade gehalten werden musste, schließlich standen wir beide in den Pedalen, aber es ging doch weiter. Jetzt nur nicht aufgeben, dachten wir, als wir schon meinten, den obersten Punkt der Bergkuppe zu erkennen.

„Wir haben es tatsächlich geschafft", schrie Henning derart wild, dass ich mich fast erschrak.

„Mann ja", rief auch ich lauter als sonst. Wir standen heftig atmend nebeneinander und schauten zurück.

„Hättest du das erwartet?", fragte Henning nach Atem ringend. „Wir haben es tatsächlich geschafft!"

„Ich weiß nicht. Aber vielleicht ist es das, was wir uns bei Antritt dieser Tour gewünscht haben."

Die Pause dehnten wir deutlicher aus als sonst auf unseren Strecken. Lange schauten wir uns um. Fast überall ging es jetzt abwärts, insbesondere unser weiterer Weg. Abseits erhob sich ein höherer Berg, der seiner Form wegen unschwer als Vulkan auszumachen war.

Nach fast einer Stunde Pause rief ich zum Weiterfahren. Ich hatte die Karte nochmals studiert und festgestellt, dass wir erst etwas mehr als die Hälfte der Etappe zurückgelegt hatten. Tröstlich war, dass es nun fast nur noch abwärts gehen sollte.

Bereits beim Fahren sahen wir das schimmernde Band eines Baches, den wir sicher überqueren mussten.

„Also los! Schuhe und Strümpfe aus, wir müssen da durchwaten", sagte ich. „Wir müssen nur aufpassen, der Bach scheint eine ziemlich starke Strömung zu haben."

Kalt war untertrieben für das Wasser und das Bachbett war zudem angefüllt mit Kieselsteinen unterschiedlicher Größe. Unangenehm für die nackten Füße. Das Wasser reichte uns teilweise bis zu den Knien, was wir geahnt und deshalb unsere Hosen vorher schon weiter hochgezogen hatten.

„Oh, ist das kalt und dann diese Steine", klagte ich laut.

„Wir haben es ja nicht anders gewollt", erwiderte Henning, dem man ansah, was er gerade ausstand.

Wir mussten die Räder richtig festhalten, weil die Strömung versuchte, sie wegzuziehen.

„Der Berliner hat etwas von mehreren Bächen erzählt", sagte Henning, als wir auf der anderen Seite Strümpfe und Schuhe wieder anzogen.

„Hoffentlich nur wenige, mir ist nicht nach Kneipp zumute", erwiderte ich.

Der Berliner sollte recht behalten. Immer wenn wir meinten, das müsste der letzte Bach sein, erreichten wir den nächsten. Am Ende zählten wir zehn solcher Bäche. Als wir dann wieder auf der normalen sandigen Schotterpiste entlangfuhren, reagierten wir erleichtert.

„Auch das haben wir geschafft. Und meines Erachtens müssten wir gleich den Campingplatz erreicht haben", erklärte ich.

Die Strecke zog sich doch noch über mehr als zwei Kilometer hin und dass Henning erneut zu singen anfing, gab uns beiden das Gefühl, das Schlimmste geschafft zu haben. Da wurde es schon ziemlich dunkel, die Berge ringsherum sorgten dafür, dass kaum Sonnenlicht ins Tal gelangte.

Zu unserer Überraschung hatten sich bereits viele Touristen angesammelt. Seltener waren diese per Rad unterwegs gewesen. Wir sahen schwere Autos mit Allradantrieb und auch einige Busse. In der Herberge herrschte entsprechend Betrieb. Die Gäste teilten sich alles, was zum Kochen an Geschirr erforderlich war.

Es gab einen Schlafraum mit einfachen Etagenbetten aus Holz. Der größte Teil des Raumes wurde von diesen Bettgestellen eingenommen. Auf ihnen lagen bereits eine Reihe von Touristen auf ihren Isomatten oder hatten sich in ihre Schlafsäcke verkrochen. Trotz der anhaltenden Unruhe durch das Kommen und Gehen konnten diese anscheinend schlafen.

„Das müssen wir uns nicht antun, obwohl es nicht ungemüt-lich wirkt", kommentierte ich die Szene.

„Hätte nicht gedacht, dass sich schon im Mai so viele Tou-risten hierher verlaufen", bemerkte Henning etwas enttäuscht.

„Gerade hierher. Das ist nicht nur für uns ein Höhepunkt unserer ganzen Tour", belehrte ich ihn. „Hast du drüben diesen Bach gesehen? Da steigt ständig Dampf auf. Das ist wohl eine der beschriebenen warmen Quellen, worin wir baden können."

Trotz Erschöpfung suchten wir uns einen etwas von der Her-berge entfernten Platz, wo wir unser Zelt aufstellten. Noch bevor wir essen wollten, zog es uns zu der heißen Quelle. Für die kurze Strecke verzichteten wir bis auf ein Badehandtuch auf jegliche Bekleidung. Es gibt kaum etwas, was einen mehr erquickt nach einem solchen Tag, als nackt in das fast heiße Quellwasser ei-nes Baches einzutauchen. Da störte uns nicht einmal die größe-re Zahl der Badenden, die ebenfalls alle nackt im Bach hockten.

„Und morgen früh steigen wir zu Fuß erst mal diesen Berg-rücken hinauf", erklärte ich. „Ich bin mir sicher, dass wir eine Naturüberraschung erleben werden."

„Und ich bin sicher, dass wir dort nicht allein sein werden", bemerkte Henning, der fast bis zum Kinn im Wasser hockte. Er zeigte in Richtung der anderen Badegäste.

„Da sind Sie bestimmt nicht alleine!", rief uns jemand auf Deutsch zu und winkte fröhlich. Dieser war aufgestanden und trug zu unserer Verwunderung tatsächlich eine Badehose.

„Deutsche", flüsterte ich schmunzelnd.

„Wo sind wir denn hier?", erwiderte Henning jetzt lachend und nickte dem Rufer zu.

Als dieser sich uns näherte, hörten wir sofort, aus welcher Ecke der freundliche Landsmann kam.

„Tach, ich bin aus Leipzsch! Und Sie?"

„Lübeck. Angenehm", antwortete ich und grinste.

32. Verwandte mit der Zeit

Herbert Wolf

Ich erzähle die Geschichte von zwei Cousins, Söhnen von Brüdern, die ähnlich wie ein Brüderpaar aufwuchsen. Ihre gesamte Kindheit verbrachten sie nebeneinander, vier Monate trennten sie im Alter. Sie besuchten dieselben Klassen in der Volksschule und sicher erlebten sie ihre Freizeit oft gemeinsam.

Einer der Cousins war mein Großonkel Helmut, der andere mein Vater, er hieß Heinrich. Mein Vater hatte zwei Söhne, der Onkel keine Kinder. Die Ergänzung *Groß* benutzten weder er noch ich.

Eine der beiden Familien wohnte in Lichtenberg die andere in Friedrichshain, Bezirke in Berlins Innenstadt mit gemeinsamer Grenze. So lagen die Wohnungen ihrer Eltern dicht beieinander. Onkel Helmut in Lichtenberg hatte einen etwas längeren Schulweg, mein Vater musste nur in eine Querstraße einbiegen.

Das erste Mal, dass die beiden richtig voneinander getrennt wurden, erfolgte durch den Einzug zur Wehrmacht zu Beginn des Zweiten Weltkriegs. Onkel Helmut hatte das Bäckereihandwerk erlernt und wurde daher in einer Bäckereikompanie eingesetzt. Mein Vater wurde nach der Schule Kaufmann. Er diente in einem Infanterie-Regiment zunächst im Osten, gelangte so bis an den Stadtrand von Leningrad. Ihre Dienstgrade bei der Wehrmacht, Unteroffiziersränge, spielen hier keine Rolle und ein Engagement der beiden im NS-Regime gab es nicht. Von meinem Vater ist mir bekannt, dass seine Mutter ihm verbot, der Hitlerjugend beizutreten. Bei Onkel Helmut war es vermutlich ähnlich.

Das vorläufig letzte Mal, dass sie sich in den Kriegsjahren begegneten, war in einem Lazarett im Osten, wo sie als Kriegsverwundete versorgt wurden. Einer der Ärzte hatte sie bei der Behandlung wegen ihres Namens verwechselt. Da hatten sie sich tatsächlich sprechen können. Mein Onkel geriet im Osten in sowjetische Gefangenschaft, mein Vater erlebte das Ende des Krieges nahe Helmstedt, wo ihn Briten gefangen nahmen.

Mir ist bekannt, dass mein Onkel nach dem Krieg nicht in seinen Bäckerberuf zurückkehren konnte, das hätte seine Lunge angeblich nicht vertragen. Arbeit zu finden war für ihn nicht leicht, wie für viele, die aus der Gefangenschaft zurückkehrten. Immerhin konnte er in seinen alten Kiez bei seinen Eltern, deren Wohnhaus die Bombardierung unversehrt überstanden hatte, wieder einziehen. Er bewarb sich bei der nach 1945 aufgebauten Polizei in der sowjetisch besetzten Zone.

Meine Großeltern waren bereits zwei Mal ausgebombt worden, die Bombardierung Ende April 45 überlebten sie nicht. Die Häuser in ihrer Straße lagen in Trümmern. Eine Rückkehr zu seinen Eltern kam daher für meinen Vater nicht infrage. Stattdessen entschied er, zu seiner späteren Frau in die Nähe von Leipzig zu ziehen. Diese hatte er noch während des Krieges kennengelernt.

In der Erziehung der beiden Cousins hatte es Unterschiede gegeben, die sich in deren Entwicklung nach dem Krieg auswirkten. Meine Großmutter war überzeugte Katholikin gewesen. Mein Großvater hielt angeblich von Religionen nichts und blieb daher Kirchen fern. Die religiöse Einstellung meines Vaters prägte also seine Mutter und das wirkte sich bei ihm sein gesamtes Leben lang aus. Die Eltern von Onkel Helmut hatten wahrscheinlich mit Religion so wenig am Hut, wie mein Großvater. Das war mein Eindruck, wenn ich mit meinem Onkel über seinen Bezug zur Religion redete. Nach dem Krieg und dann im Berufsleben wendete er sich rasch einer anderen Ideologie zu, dem real existierenden Sozialismus. Das ist wichtig so zu benennen, denn ich hielt ihn zeitlebens eher für einen Pragmatiker, mit Distanz zur *Theorie*. Seine Einstellung zum Staat musste ihm überzeugend gelungen sein, weil er bei seiner Behörde Karriere machte. Er brachte es bis zum Hauptmann und Leiter eines Großstadtreviers.

Mein Vater entwickelte sich in der damaligen *sowjetisch besetzten Zone, SBZ,* rasch zu einem Gegner des Systems. Als überzeugter Katholik lehnte er den Kommunismus schon wegen dessen Nähe zum Atheismus ab. Er war kein offen aufbegehrender Widerständler, verweigerte sich aber der Partei, was zu seiner Entlassung beim Kreisrat führte. Im Untergrund arbeitete er für den *Untersuchungsausschuss Freiheitlicher Juristen, UFJ,* eine vom CIA finanzierte Menschenrechtsorganisation und verteilte hin und wieder heimlich Flugblätter, die er aus dem Westen bekam. Seinen Söhnen verbot er jede Teilnahme bei den Pionieren oder der FDJ. Aktiv betätigte er sich im Kirchenvorstand. Sein verdecktes beziehungsweise illegales Engagement ging so lange gut, bis er aufflog. Es waren möglicherweise die Feiertage um Weihnachten herum, die seine bevorstehende Festnahme verzögert hatten, ausreichend für ihn, zunächst ohne seine Familie *in den Westen zu machen.* So nannte man das damals in unserer Gegend.

Lange war für meinen Vater ein Besuch oder sogar die Nutzung der Reichsbahn, um von Westberlin aus in die Bundesrepublik zu fahren, ein No-Go. Das galt zunächst auch für seine Familie. Es hatte Entführungen oder Festnahmen zum Beispiel in der Berliner S-Bahn durch SBZ-Mitarbeiter gegeben. Erst ein Vierteljahrhundert nach seiner Flucht in den Westen, traute sich mein Vater einen Besuch seiner Ostberliner Heimat zu. Er besuchte damals die Mutter seines Cousins. Bei keinem seiner Besuche wollte ihn sein Cousin treffen, ihm waren Westkontakte offenbar unmöglich.

Ein erstes Zusammentreffen der beiden Cousins gab es, als mein Onkel Rentner wurde und für ihn Westkontakte keine Rolle mehr zu spielen schienen. Dann aber, als Rentner der DDR endlich in den Westen reisen zu dürfen, nutzte er und seine Frau diese neue Freiheit ausgiebig.

Ich liege im früheren Ehebett von Onkel Helmut in seiner *Datsche* am Rande Berlins, neben mir meine Frau. Davor hatte ich

schon einmal drei Nächte in dessen Ehebett in Lichtenberg ge-
schlafen, damals neben meiner Tante Bettina. Das war, als er
mit neunzig unerwartet verstarb und sie mich so inständig da-
rum bat, sie nicht allein in der Wohnung und mit allen Forma-
litäten zurückzulassen. Sie war da schon fünfundachtzig und
erschien mir so hilflos und zerbrechlich, dass ich ihrer Bitte ent-
sprechen musste. Erst hatte mich der Gedanke leicht gegruselt,
in einem Ehebett zu schlafen, wo wenige Tage zuvor mein On-
kel gelegen hatte. Aber ich hatte es akzeptiert, und ich denke,
dass es Tante Bettina tröstete, nicht allein im Zimmer zu liegen.
Direkt verwandt sind wir ja nicht. Andererseits bin ich ihr ein-
ziger *Verwandter* überhaupt. Zunächst hatte sie noch eine Rei-
he Freunde, ungefähr in ihrem Alter. Davon blieb bis heute nur
einer übrig, der sie etwas unterstützt.

Als Onkel Helmut noch lebte, hatte ich großes Interesse daran,
über ihn mehr über meine Großeltern und meinen Vater zu er-
fahren. Immerhin nahm ich an, dass sie sich sehr vertraut gewe-
sen sein mussten. Mein Vater war acht Jahre früher gestorben.
Er hat leider wenig hinterlassen über meine Großeltern und ge-
nau genommen auch über sich. Ihn erlebte ich stets schweigsam
oder wortkarg, was ich nicht nur seinem Charakter zuschrieb,
sondern den Folgen des Krieges. In der Nacht wäre er immer
wieder mal hochgeschreckt und hätte *Panzer* gerufen, hatte
meine Mutter wiederholt erzählt. Die Umstände des Todes mei-
ner Großeltern waren für ihn ein Schock gewesen, wurde doch
angenommen, dass sie im Keller ihres zerbombten Wohnhau-
ses schlicht hilflos erstickt waren. Der dreimalige Verlust aller
persönlichen Sachen meiner Großeltern in den Bombennäch-
ten hatte zur Folge, dass meinem Vater nicht einmal ein Foto
von der Hochzeit seiner Eltern geblieben war.

Das war sicher bei meinem Onkel anders, dessen Eltern nie
ausgebombt worden waren. Obwohl dieser sonst durchaus re-
defreudig war, erfuhr ich von ihm kaum Nennenswertes, was
mir mehr Aufschluss über meine Großeltern oder meinen Va-

ter gebracht hätte. Zumindest nicht mehr als das, was ich ohnehin schon wusste. Seine Fotoalben offenbaren eher den engen Bezug zu seinen Eltern und seinen Schwiegereltern. Die üblichen Hochzeitsfotos aus dem Jahr 1947 gab es und diese zeigten für mich keine wichtigen Personen, abgesehen von den Eltern meines Onkels.

Im Wohnzimmer von Tante Bettina stand stets auf einem Beistelltisch ein Foto meines Onkels in der Hauptmannsuniform der DDR-Polizei mit seinen zahlreichen Orden. Ich habe nie nach seiner Einstellung damals gefragt. Zum einen erschien mir das eine überflüssige Frage zu sein, denn wie wird seine Einstellung zu der Zeit wohl gewesen sein? Zum anderen fühlte ich mich nicht dazu berufen, aus meiner eigenen, westlichen Lebenssituation und Sicht heraus, seine zu hinterfragen. Sicher war er damals ein überzeugter Parteigänger gewesen. Vielleicht hat er bei seinen Westbesuchen und nach der Wende über einiges nachgedacht. Er war Pragmatiker, theoretische Betrachtungen waren eher nicht seine Sache. Sicher war er auch ein Polizist gewesen, so wie jeder es von seinem Beruf erwartete. Ältere Fotos zeigen ihn ja als Schupo, der den Verkehr regelte, nicht anders, wie seine Berufskollegen damals bei uns in Westberlin.

Warum schreibe ich das hier? Meine Tante Bettina hat mir und meiner Frau die Datsche samt Grundstück im Süden Berlins geschenkt. Schön ist es dort, ein Naherholungsgebiet mit vielen Seen für die Großstädter. Wertvoll, gar keine Frage! Es gab ein paar Besuche dorthin, als mein Onkel noch lebte. Manchmal sah ich bei der Abfahrt das Namensschild am Zaun, das ja auch meinen Namen trägt. Damals habe ich mir kaum vorstellen können, mal Eigentümer dieser Datsche werden zu können.
Ich wollte das Geschenk meiner Tante zunächst nicht annehmen und hatte ihr das klar gesagt. Das hatte ganz reale Gründe, die ich ihr erklärt hatte. Um das Grundstück hätte ich mich nicht kümmern können, wir lebten gut zweihundertfünfzig Kilometer weiter westlich. Ebenso wäre es mir zu der Zeit kaum

möglich gewesen, mit meiner Frau in ihre Nähe zu ziehen. Ihre Hoffnungen hätte ich also nicht erfüllen können.

Sechs Jahre später erst haben meine Frau und ich die Schenkungsurkunde bei einem Notar unterschrieben. Selbst da noch mit Bedenken, aber inzwischen war ich Rentner und hätte das Grundstück gelegentlich nutzen können. Einige Jahre sind wir nur sehr selten daran vorbeigefahren. Dem Mann auf dem Nachbargrundstück überwiesen wir einen kleinen monatlichen Betrag, damit sich dieser etwas um das Grundstück kümmerte. Heute, weitere Jahre sind inzwischen vergangen, verbringen meine Frau und ich viel Zeit hier in der Datsche und auf dem Grundstück. Kinder von uns leben seit einigen Jahren in Berlin und so können wir diese von hier aus häufig besuchen. Kann sein, dass wir tatsächlich für immer hier *landen* werden.

Etwas Zweifel kommen mir manchmal, wenn ich an die Lebenswege dieser beiden Cousins denke. Ich habe nicht vergessen, wie mein Vater in einem unbedachten Moment, wir wohnten noch im Osten, die ganze SED-Führung als Lumpen bezeichnete. Sein konsequentes Festhalten an der katholischen Kirche habe ich ja schon seit Jahrzehnten hinter mir. Meine Frau und ich stimmen darin überein, keiner Ideologie zu folgen.

Ich kümmere mich jetzt um Tante Bettina. Sie ist ja meine Tante, irgendwie. Habe sie gemeinsam mit einem älteren Freund von ihr, ihres hohen Alters wegen in einer Seniorenwohnanlage untergebracht. Dort besuche ich sie regelmäßig. Leider kann sie erst recht nichts erzählen über die Vergangenheit meiner Familie. Vielleicht ist die mir aber inzwischen gar nicht mehr so wichtig.

33. Als die Uhr herunterfiel ...

Herbert Wolf

Es ist viele Jahre her. Unser Grundstück grenzte dicht am Wald. Nur ein Trampelpfad und unser Zaun, trennten uns von Bäumen und Büschen dort. Meine Familie war da noch recht jung. Wir, die Eltern und unsere drei Kinder, Isa war zwölf Jahre, Felix zehn Jahre und Angelika sieben Jahre alt. Uns alle ließ ein dumpfer Knall mit nachfolgendem Klirren von zersplitterndem Glas unvermittelt aus unseren Betten hochfahren. Der Krach war im ganzen Haus zu hören gewesen. Die gesamte Familie stürmte aufgeschreckt dorthin, wo die Geräusche herrühren mussten, ins Wohnzimmer. Fast ausnahmslos hatten wir uns noch nicht ankleiden können. Maria, meine Frau und ich, hatten uns gerade darüber gestritten, wer sich als Erster dazu aufrafft, das Frühstück vorzubereiten. Stattdessen liefen wir nun mit verwuschelten Haaren und in Schlafanzügen herum. Wir hatten einen ganz normalen Sonntagmorgen erwartet, und dieser Krach gehörte nicht dazu.

„Was ist denn hier los?", fragte Felix.

„Siehst du das nicht? Die Uhr auf der Kommode ist runtergefallen", antwortete seine Schwester Isa, die das Malheur sofort erfasst hatte. „Aber wie kann das sein?"

„Ist unser Franz oder Sissi hier?", fragte meine Frau und schaute sich nach unseren Katzen um.

„Die Katzen sind nicht hier, die Wohnzimmertür war ja verschlossen", erklärte ich. „Es sollte mich wundern, wenn eine von denen die Kraft hätte, diese schwere Uhr nach unten zu stoßen. Haben sie noch nie versucht!"

„Dann verstehe ich das überhaupt nicht. Sonst war doch keiner hier, weder wir noch ihr, Kinder, oder?", fragte Maria zweifelnd in die Runde.

Inzwischen hatte ich die Uhr auf den Esstisch gehoben und betrachtete missmutig den wahrscheinlichen Schaden. „Das Glas ist kaputt und ein Stück vom Holzgehäuse ist an der einen Ecke abgebrochen. Erstaunlich, dass die Uhr offenbar noch geht", erklärte ich mit fachmännischer Miene. „Das nennt man Wertarbeit bei so einem alten Stück."

Die Uhr war alt, in diesem Fall sogar sehr alt, aus dem 19. Jahrhundert. Ein Erbstück von meinen Eltern, die diese Uhr selbst schon in einem Antiquitätengeschäft erworben hatten. Das Holzgehäuse war filigran gearbeitet, bis vor wenigen Augenblicken noch völlig unbeschädigt. Allenfalls zeigten sich kaum sichtbare Kratzer an der Oberfläche.

„Hartmut, entschuldige. Das interessiert jetzt doch nicht", regte sich Maria über mich auf. „Da fällt eine schwere Uhr ohne erkennbaren Grund von der Kommode und du spekulierst über den möglichen Schaden. Warum ist die Uhr heruntergefallen, das sollte uns interessieren!"

Sie wirkte nicht nur beunruhigt. Es irritierte sie, dass ich mich nicht genügend um die Ursache kümmerte.

„Gut, das hast du jetzt gesagt!", reagierte ich etwas verärgert über den hörbaren Vorwurf meiner Frau, nicht an das Wichtige zu denken. „Also ich weiß es nicht und wüsste auch nicht, wen ich fragen könnte. Da es die Katzen und wir nicht waren, bliebe noch ein Erdbeben als Erklärung."

Das war ironisch gemeint, und die Kinder lachten sogar kurz, aber bei meiner Frau verstärkte es noch mal ihr Gefühl, dass keiner nach der Ursache fragte.

„Das mit dem Erdbeben ist natürlich Quatsch", erklärte ich und zeigte mein besorgtes Gesicht. „Aber eine heftige Erschütterung könnte ich mir tatsächlich als Ursache vorstellen."

„Eine Erschütterung, die sich nur im Wohnzimmer ausgewirkt hat?", fragte Isa. „Papa, meinst du das ernsthaft?"

Ich erkannte selbst, dass das sehr unwahrscheinlich war, und schüttelte den Kopf. Wenn es eine solche Erschütterung gegeben hätte, dann müsste sie auch bei uns im oberen Stockwerk zu spüren gewesen sein.

Derweil hatte sich Felix im Wohnzimmer eingehender umgesehen. Ihm schien etwas aufgefallen zu sein. „Seht mal, die

Verandatür ist gar nicht vollständig geschlossen", stellte er fest und zog an der Türklinke. Die Tür war, wie es schien, nicht verschlossen worden, was keiner von uns am Abend vorher bemerkt hatte.

„Wer immer das vergessen hat, der Spalt erscheint mir zu klein für irgendwelche Katzen oder Hunde aus der Nachbarschaft. Eher unwahrscheinlich, dass die vom Garten her hier hereinspaziert sind. Und unsere Katzen benutzen ihre Katzenklappe, um in den Garten oder ins Haus zu gelangen", sagte ich, probierte aber trotzdem, ob sich die Verandatür leicht bewegen ließ.

„Einbrecher!", rief Isa und alle erschraken für einen kurzen Moment.

„Einbrecher, die dann bei dem Lärm, den die Uhr beim Herunterfallen verursacht hat, schnell geflüchtet sind?", rief Maria laut, weil der Gedanke sie richtig erschreckt hatte.

„Die haben vielleicht sogar versucht, unsere Uhr zu klauen. Dabei ist sie möglicherweise heruntergefallen", stellte ich sachlich fest. Endlich schien für mich eine plausible Erklärung möglich zu sein. „Na klar, die sind heute Morgen durch die offene Verandatür bei uns rein und haben versucht, uns zu beklauen. Das ist dann misslungen und unsere Uhr hat's erwischt."

„Hartmut, denkst du wirklich, dass es Verbrecher waren?", Maria konnte ihre Sorge nicht verbergen. „Das hat's noch nie bei uns gegeben, dass jemand bei uns einbrechen wollte."

„Einmal ist immer das erste Mal", belehrte ich sie. „Wenn wir die Verandatür so einfach die ganze Nacht offenlassen!" Ich war der Meinung, dass der Zeitpunkt für eine Ermahnung an meine Familie günstig war.

„Ich predige ständig, die Verandatür abends zu verschließen. Jetzt sehen wir, dass das seinen Grund hat! Also, was machen wir? Soll ich Polizei informieren?"

„Das müssen wir sowieso machen. Die Verbrecher könnten es ja bei uns oder den Nachbarn noch mal versuchen", bestärkte mich Maria.

Ich griff bereits nach dem Handy, als Isa einen Schrei ausstieß. „Ihh! Was ist das denn? Ist das Kacke?"

„Kacke", rief ihre Mutter und betrachtete ebenfalls die dunkle, bräunliche Hinterlassenschaft, die ziemlich eklig und zudem noch frisch aussah. „Das kommt aber nicht von Franz und Sissi, die kacken nicht ins Haus!"

„Hey, wer ist das denn?", meldete sich Felix aufgeregt. „Guckt mal, guckt mal!"

„Das ist mir jetzt aber doch zu viel. Wer ist denn jetzt wo?", begehrte ich zu wissen. Ich hatte die Sache mit der unverschlossenen Verandatür immer noch im Sinn.

„Da läuft ein großes Tier durch unseren Garten. Seht ihr das nicht?", antwortete Felix und tippte dabei mit dem Zeigefinger auf die Verandatürscheibe.

„Das darf nicht wahr sein. Mach sofort die Tür zu!", befahl Maria, die endlich das dunkelgraue, zottige Tier entdeckt hatte.

„Das ist ein Nasenbär", erklärte Isa selbstgewiss. „So einen habe ich schon mal im Zoo gesehen."

Zu unserem Befremden lief dieser Eindringling zur Veranda und schnupperte kurz darauf sogar an der Tür.

„Ein Nasenbär?", fragte meine Frau. „Das ist doch Quatsch. Die gibt's doch gar nicht bei uns in Deutschland."

„Wisst ihr was?", korrigierte sich Isa. „Das ist ein Waschbär, und die gibt es reichlich."

Wir standen jetzt alle nebeneinander und beobachteten, wie der Waschbär ungerührt auf unserer Veranda hin- und herlief. Unklar, was er dort zu finden hoffte. Dann drehte er sich auf einmal um und wendete sich uns direkt zu. Fast sah es so aus, als wollte er erneut ins Haus.

Die ganze Familie rief wie aus einem Mund: „Hau ab, du hast hier nichts verloren!"

Verstanden hatte uns der Besucher nicht, aber unser Rufen gehört. Einen Moment blieb er stehen und richtete sich etwas auf seinen Hinterbeinen auf. Das sah fast bedrohlich aus.

„Mach, dass du wegkommst!", wiederholte Maria und schlug dabei mit ihrer flachen Hand gegen die Scheibe der Verandatür.

Da erst drehte sich der Waschbär um und lief Richtung Gartenzaun. Mit einem einzigen Satz sprang er über den Zaun und verschwand gleich darauf zwischen den Bäumen im Wald. Er schaute nicht einmal zurück.

„Passt mal auf, der hat heute nicht seinen letzten Besuch bei uns gemacht. Die Verandatür dürfen wir jedenfalls nur aufmachen, wenn jemand von uns in der Nähe ist", beschwor ich meine Familie.

„Obwohl, so ein Haustier hat sicher keiner meiner Freunde und …", erwiderte Felix versonnen.

„Untersteh dich, den hier noch anzulocken", unterbrachen Maria und ich ihn wie aus einem Mund. „Soweit kommt's noch. Ein Waschbär als Haustier!"

34. Epilog

Yasmine Meier

Ich danke unserem Verlag, der gerne liest, was ich an Worten mag. Damit hoffentlich mancher liest, was ich mit Worten wag'.

Ich danke meinem Kollegen Herbert Wolf, weil er kräftig mitgewirkt hat, mit mir dieses Buchprojekt zu vollenden. Es war für uns beide eine einmalige Chance, einen neuen Weg auszuprobieren!
   Wir danken auch seiner Frau Elisabeth, die die Texte gelesen und uns mit Tipps unterstützt hat.

Ich danke Monika Anger, die mich am treusten begleitet durch alle meine Reimzeiten. Und weil auch sie ihren Anteil hat, mir diesen Weg zu bereiten.

Ich danke meiner Cousine Tanja David, die mich vor Jahren antrieb, dass mein Blatt nicht leer blieb. So wäre meine *Situation der Lage* nie beim Lyrikwettbewerb erfolgreich gewesen. Denn ohne sie hätte es niemand gelesen.

Ich danke meiner Cousine Claudia Sielaff, die mich einst auf den Lyrikwettbewerb von *Journal für die Frau* aufmerksam machte, den ich auch gleich gewann, womit alles für mich begann. Ich weiß nicht, wo ich ohne ihren Antrieb heute wär. Auf jeden Fall wären ohne sie viele Seiten leer.

... DANKE!!! Ich hoffe, dass mein Stern heller aufgeht und noch leuchtender am Himmel steht. Damit hoffentlich mancher liest, was jeder von uns mit Worten wagt.

FÜR AUTOREN A HEART FOR AUTHORS À L'ÉCOUTE DES AUTEURS MIA KAPΔIA ΓIA ΣΥΓ
FÖR FÖRFATTARE UN CORAZÓN POR LOS AUTORES YAZARLARIMIZA GÖNÜL VERELIM S
PER AUTORI ET HJERTE FOR FORFATTERE EEN HART VOOR SCHRIJVERS TEMOS OS AU
SERCE DLA AUTORÓW EIN HERZ FÜR AUTOREN A HEART FOR AUTHORS À L'ÉCO
ВСЕЙ ДУШОЙ К АВТОРАМ ETT HJÄRTA FÖR FÖRFATTARE A LA ESCUCHA DE LOS AUT
KAPΔIA ΓIA ΣΥΓΡΑΦΕΙΣ UN CUORE PER AUTORI ET HJERTE FOR FORFATTERE EE
SERCE DLA AUTORÓW EIN HERZ F
ВСЕЙ ДУШОЙ К АВТОРАМ ETT HJÄRTA F

Die Autoren

Yasmine Meier wurde im Mai 1969 in Hamburg geboren. Seit frühester Jugend schreibt sie Gedichte und Geschichten, veröffentlichte bisher fünf Lyrik-Sammlungen und zwei Romane. Drei Mal wurde eines ihrer Gedichte bei einem Wettbewerb für Lyrik ausgezeichnet. Das entsetzliche Verbrechen an ihrer Mutter belastet sie unverändert. Mit zwei Katzen, die sie über alles liebt, lebt sie in Lüneburg.

Herbert Wolf wurde im März 1947 geboren und lebt am Klein Köris See in Brandenburg. Seine freie Zeit widmet er seiner Familie. Mit dem Schreiben von Romanen und Kurzgeschichten hat er erst spät begonnen. Davor war er IT-Mitarbeiter in einem großen Konzern und lernte dabei Länder wie Brasilien und Mexiko kennen. Fünf Romane hat er bisher veröffentlicht.

Yasmine Meier und Herbert Wolf lernten sich über ihre Posts auf Instagram kennen. Diese weckten ihr Interesse an ihren jeweiligen Arbeiten und führten zur Idee, dieses Buch zu schreiben.

Der Verlag

Wer aufhört besser zu werden, hat aufgehört gut zu sein!

Basierend auf diesem Motto ist es dem novum Verlag ein Anliegen, neue Manuskripte aufzuspüren, zu veröffentlichen und deren Autoren langfristig zu fördern. Mittlerweile gilt der 1997 gegründete und mehrfach prämierte Verlag als Spezialist für Neuautoren in Deutschland, Österreich und der Schweiz.

Für jedes neue Manuskript wird innerhalb weniger Wochen eine kostenfreie, unverbindliche Lektorats-Prüfung erstellt.

Weitere Informationen zum Verlag und seinen Büchern finden Sie im Internet unter:

w w w . n o v u m v e r l a g . c o m